인생 우화

# 영달이의 꿈

인생 우화

# 영달이의 꿈

글 **조영달·윤경숙** | 그림 **김주한**

도서
출판 **프리뷰**

# 우화가 필요한 시대

우농 서성동
한국사회연구소 회장

청춘은 인생의 봄이다. 봄은 꿈과 희망을 향한 도전의 계절이다. 청춘마다 꿈과 희망이 다르고, 미래가 미리 보낸 현실도 모두 다르다. 청춘들이 가야 할 알 수 없는 미래의 길에는 극복해야 할 수많은 과제들이 있다. 그러나 청춘은 스스로 변화하고 혁신할 역량이 있고 에너지도 있다. 자신을 치켜세우거나 비하하는 데 많은 시간을 써버리면 안 된다.

청춘은 상실감에 자주 빠진다. 불안하다. 불안은 불확실한 미래에서 온다. 불안한 청춘들이 매일 마주치는 감정적 충돌은 개인에서 관계 확장으로 풀어야 한다. 청춘의 정체성이란 하나로 고정된 것이 아니며, 삶 전체를 통해 주변 환경과 다양한 만남, 그리고 그 안에서 겪게 되는 경험에 따라 움직여 간다. 자아는 항상 진행 중인 작업과 같다. 고정된 것이 아니다.

청춘은 통찰력이 필요하다. 삶의 가치는 자기주도의 실현가

능하고 지속가능한 도전에 있다. 누군가에 의해 만들어진 가상공간에 끌려 다니는 삶은 바람직하지 않다. 통찰력은 시대를 읽고, 미래를 내다보는 지혜와 상상력, 자유롭고 신축성 있는 사고와 감성을 제공한다. 청춘의 위기는 대부분 삶의 가치에서 멀어질 때 닥친다. 지혜로 소통하고 복원해야 한다.

청춘은 성찰하는 힘이 필요하다. 성장은 자아도취에서 깨어나는 것이다. 빛과 어둠의 교차가 있듯이 성공과 실패의 경험도 필요하다. 삶에서 중요한 것은 삶의 횟수가 아니라 내용이다. 긍정의 말, 지혜의 말, 용서의 말로 우선 자신부터 칭찬해보라. 원활한 소통과 능동적인 태도, 문제 해결에 초점을 맞춘 환경과 공간의 밸런스도 중요하다. 성찰이 미래다.

우리는 지금 탈 물질주의 사회에 살고 있다. 물질보다 문화의 힘으로 삶이 움직인다. 개성, 다양성, 감성, 디자인, 공간 등 콘텐츠 생산에 집중할 때이다. 교육 사다리를 튼튼히 하는 일이 매우 중요하다. 문제해결 중심의 융합 교육과 리더십 강화로 인재들을 육성해야 한다. 융합의 목표는 미래사회를 지속가능하게 변화시키는 다양한 지식, 그리고 실생활과 연결된 창의력과 문제의식이다.

세상은 유토피아적 가능성과 디스토피아적 위험성을 동시에 내장하고 있다. 오늘의 디지털 세상의 흐름을 비켜갈 수 없고 역류할 수도 없다. 삶이란 소 잔등처럼 부드럽게 흘러가지 않는다. 세상을 위한 좋은 변화의 힘은 건강한 인격과 공고한 단결에서 나온다. 일상에서 목표를 설정해서 스스로 달성하고, 더 좋은 미래의 길을 찾아야 한다. 미래는 준비하는 청춘의 것이다.

이 책은 조영달 서울대 교수, 윤경숙 셰프, 김주한 디자이너가 이 땅의 청춘들을 격려하기 위해 함께 쓰고 그린 희망과 지혜의 이야기다. 이 책에서 만난 작지만 뜻 깊은 이야기가 젊은이들을 비롯한 많은 독자들에게 행복한 삶의 실마리가 된다면 매우 의미 있는 일이다. 삶이 팍팍하다 싶을 때, 무심한 듯 보이는 한 편의 이야기에서 위로를 받을 수 있다면, 그 또한 행운이라고 생각한다.

우리 교육에 새로운 모티브가 되기를 희망하며

처음 김주한 작가를 만났을 때 나는 적잖은 충격을 받았다. 일찍이 어린 나이에 최연소 디자이너로 세상에 이름을 알린 그는 대학을 졸업한 기성 디자이너들과 어깨를 나란히 하고 크고 작은 대회에 참가해 그 실력을 인정받고 있었다. 지금은 프리랜서 디자이너이자 사진작가로 환경, 에너지 관련 사회단체의 일원으로 활발히 활동하는 듬직한 청년이다.

언뜻 그의 이력만 보고 당연히 좋은 학교에서 디자인을 전공하였으리라 예상했는데, 그런 나의 생각은 완전히 빗나갔다. 놀랍게도 그는 단 한 번도 공교육을 받아 본 적이 없는 무학 적자이다. 학교를 전혀 다니지 않았고, 초등학교 과정만 검정고시로 이수하였다. 그는 내가 평생 몸담은 공교육의 틀에서 완전히 벗어나 있었지만, 누구보다도 자기 적성을 살려 인생을 개척하고 있는 젊은이다.

40년을 교육자로 살아온 나로서는 공교육을 충실히 받고 대학을 졸업한 많은 청년들이 쉽사리 자신의 길을 찾지 못해 방황하는 현실을 잘 알고 있다. 그렇기 때문에 내가 그를 만나면서 받은 충격은 실로 컸다. 그는 자신이 공교육을 받지 않아 부족한 것이 많다며, 학교라는 제도가 주는 이점과 소통 방법, 삶의 지혜를 나에게 구했고, 나는 내가 경험한 삶의 지혜를 이야기해 주었다. 내가 살아오며 체득한 깨달음, 그리고 '침묵의 미덕'을 비롯해 나의 어머니께서 생전에 내게 가르쳐 주신 귀중한 삶의 교훈들을 그에게 들려주었다. 그런 과정을 공유하며 우리는 친구가 되었다.

그러던 어느 날 그가 이런 제안을 했다. "교수님이 제게 들려주신 생활 속 지혜들을 제 또래 다른 친구들에게도 전해주고 싶은데, 재미있게 풀어서 책을 내면 어떨까요?" 대단히 의미 있고 재미있는 아이디어였다. 흔쾌히 그러자고 했다. 그렇게 해서 나와 김주한 작가, 그리고 김 작가의 어머니이자 유명 셰프인 윤경숙님과 함께 이 책 작업을 시작했다. 윤경숙 셰프는 가정이라는 인성 교육장을 통해 그에게 따뜻한 스승 역할을 훌륭히 해오신 분이다.

전체적인 기획은 윤경숙 셰프가 맡았다. 교육학자인 내가 이런저런 모티브를 내면 윤경숙 셰프가 솜씨를 발휘해 그것을 맛깔나는 우화로 창작했다. 그러면 다시 각 우화에 맞춘 교훈의 글을 내가 쓰고, 디자이너인 김주한 군이 그에 맞게 그림을 그렸다. 이렇게 세 사람이 머리를 맞대고 지혜를 모아 탄생시킨 책이다.

사람들은 말과 글을 통해 서로 관계를 맺으며 살아간다. 우리는 홀로 지내는 것 같지만 사실은 가족으로, 친구로, 일의 파트너로, 소비자로, 납세자로, 투표하는 시민으로, 때로는 리더로 활동하면서 여러 관계 속에서 살아간다. 이런 생각은 홀

로 생활하는 데 익숙한 지금의 Z 세대에게도 마찬가지일 것이다. 내 생각이나 행동이 바로 서야 하지만, 나와 연결된 사람들과 어떤 관계를 맺고 있는가도 그 못지않게 중요하다. 내 삶의 주인공인 나, 다른 사람과의 관계, 그리고 세상살이의 바탕에 깔린 생각이 무엇인지를 책에 담으려고 했다.

전체 내용은 세 부분으로 나누었다. '과묵한 도롱뇽', '원숭이 이웅', '겸손한 청솔모 장수' 등은 개인이 중심이 된 이야기이다. 그리고 '숲속 지도자 선거의 비밀', '철학자와 바둑돌' 등은 다른 사람과의 관계와 사회생활에 관한 이야기이다. '앵무새 아도르노의 사전 찾기', '혼돈에서 벗어나자 죽어 버린 혼돈', '원형 동물 아파트의 비밀' 등은 세상을 바라보는 관점에 대해 이야기하려고 쓴 글이다.

당연한 일이지만, 고전과 동서양의 사상가들이 이루어 놓은 업적에서도 많은 도움을 받았다. 우화를 쓰고 난 뒤 고전의 가르침과 비슷하다는 생각이 든 경우들도 있고, 옛 현자들의 뛰어난 생각을 크게 참고하기도 했다. '숲속 지도자 선거의 비밀'이나 '앵무새 아도르노의 사전 찾기', '혼돈에서 벗어나자 죽어 버린 혼돈' 등이 그런 경우이다.

책을 준비하면서 많은 생각이 들었다. 우리 교육이 학생들에게 가르쳐야 할 것을 제대로 가르치고 있는지에 대한 회의가 든 경우가 한두 번이 아니다. 어린 시절 우리에게 꿈과 지혜를 준 것은 교과서가 아니라, 최선을 다해 삶을 살아낸 부모, 선배, 이웃의 일상 속 지혜와 재치가 아니었을까 하는 생각을 했다. 그런 소중한 지혜와 교훈을 동물에 빗대어 재치 있게 풀어낸 대표적인 이야기가 바로 '이솝 우화'이다.

이 책은 평생을 공교육 분야에서 교육자로 살아온 내가 공교육의 틀에서 벗어나 특별한 자신의 길을 걸어온 한 청년과 그의 어머니, 이렇게 세 사람이 힘을 모아 기획하고, 글을 쓰고, 그림을 그린 공동 노력의 결과물이다. 공교육과 홈스쿨 교육이 어우러져 탄생한 책인 셈이다. 그래서 나는 이 책이 어쩌면, 아니 분명히, 지금까지 우리 교육이 걸어온 길과는 전혀 다른 새로운 길을 보여주는 데 하나의 작은 모티브가 될 수 있다는 기대와 소망을 갖고 있다.

스스로 수많은 질문을 던지고 해답을 구한 끝에 쓴 이 책이 인생의 지혜를 찾아 방황하는 학생과 청년들, 그리고 지혜를 갈구하는 많은 어른들에게도 작은 희망의 불빛이 되길 희망한다.

曺永達

관악산 자락 운주당에서  조영달

우리의 삶을 따뜻하게 해줄
지혜와 교훈을 담은 20편의 창작우화

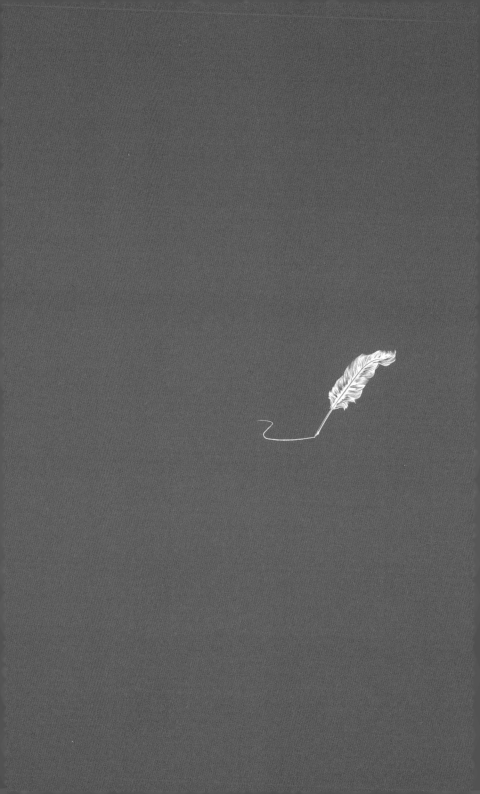

# 1. 거만한 원숭이 이응

동물 나라 숲속 마을에 거만한 원숭이 이응이 살고 있었다. 이응은 다른 원숭이들보다 훨씬 덩치가 크고 힘이 셌다. 털은 풍성하고 윤기가 흘렀으며, 커다란 바오밥나무도 더 잘 오르고, 단단한 코코넛 열매도 손쉽게 따먹었다. 다른 원숭이들은 이응을 찬양하고 존경하며 대장으로 받들었다.

항상 다른 원숭이들로부터 선망의 시선을 받으며 우쭐대던 이응은 어느 날 자신이 모든 원숭이들 가운데서 가장 뛰어날 뿐만 아니라, 보통 원숭이와 다른 특별한 존재라는 생각이 들었다. 어쩌면 자신의 힘이 하마보다 더 세고, 털은 사자의 갈기보다 아름다우며, 이 세상 그 어떤 동물과 비교해도 자신이 더 멋진 동물이 아닐까 하고 착각하기 시작했다. 급기야 이응은 특별한 존재인 자신과 평범하고 나약한 다른 원숭이들이

joo han Kim by ß

함께 어울려 사는 것이 마음에 들지 않았다.

다음 날, 이웅은 '멋지고 아름다운 원숭이들만 나의 마을에 어울려!'라고 생각했다. 그리고 못생긴 원숭이들과 윤기 없는 털을 가진 원숭이들을 모조리 마을에서 내쫓았다.

그리고 또 다음 날, 이웅은 '힘세고 덩치 큰 원숭이들만 나의 마을에 살 자격이 있지!' 라고 생각했다. 그래서 이번에는 몸집이 작고 연약한 원숭이들을 모두 마을에서 내쫓았다.

그리고 또 다음 날, 이웅은 '나무를 잘 타고 열매를 잘 따는 원숭이들만 나의 마을에 있으면 돼!'라고 생각했다. 그래서 나무 타기를 잘 못하고 재주가 없는 원숭이들을 모두 마을에서 내쫓았다.

그렇게 원숭이 마을에는 덩치 크고, 힘세고, 멋진 털을 가졌고, 재주가 많은 원숭이들만 남게 되었다. 그러자 남아 있던 원숭이들이 힘을 합쳐 이웅을 마을에서 내쫓으려 하였다. 이웅은 이 세상에서 가장 위대하고 특별한 원숭이인 자신에게 대드는 원숭이들에게 매우 화가 났지만, 그들은 모두 원숭이 마을에서 마지막까지 남아 있던 가장 강하고 재주 많은 원숭이들이었기 때문에 이웅이 혼자 힘으로 싸워서 이길 수 없었다.

이웅이 왜 자신에게 대드는 거냐고 묻자 덩치 큰 원숭이 한 마리가 이렇게 대답했다.

"그동안 우리는 잘났다고 으스대는 너를 보며 항상 부러워하고 질투만 했지. 하지만 이제 너를 존경하고 따르던 원숭이들이 전부 마을에서 쫓겨났으니 더 이상 이 마을에 네 편은 없어. 이제 널 쫓아내고 우리가 새로운 대장이 될 거야, 하하하!"

그렇게 원숭이 마을에서 쫓겨난 이응은 자신이 오만했음을 깨닫고, 그 전에 자신이 쫓아낸 원숭이들을 찾아갔다. 그 원숭이들은 이응보다 약하고, 능력도 부족했기 때문에 그가 나타나면 다시 그를 대장으로 따를 것이라고 생각했기 때문이다.

그러나 이응의 생각과 달리 쫓겨난 원숭이들은 모두 힘을 합쳐서 잘 살고 있었다. 그들은 몸집이 작고 나무도 잘 타지 못하며 생김새는 볼품없지만, 함께 머리를 맞대어 도구를 만들고, 작은 체구를 이용해 좁은 틈새에 숨어 있는 벌레를 잡으며 서로 도와 살고 있던 것이다.

이응은 숨어서 그 모습을 바라보다가 조용히 원숭이들에게서 등을 돌렸다. 그리고 멀리 멀리 떠나 평생을 혼자 외롭게 살았다.

joo han Kim by Yj

## 함께! 그리고 다르게 살아가기

스스로의 능력을 키우고 성찰하면서 창의적인 자신의 길을 개척하는 것은 더없이 중요하다. 이것이야말로 세상에 자기를 드러내는 일이고, 자신의 존재를 확립하는 일이기 때문이다. '내가 누구인가'를 찾는 과정은 여럿이 함께하는 공동체에서 남과 구별되는 나만의 세계를 만들어내는 일인 것이다.

그러나 힘들고 복잡한 세상을 혼자 살기는 어렵다. 혼자서 모든 일을 다 할 수도 없을 뿐만 아니라, 혼자보다 여러 사람의 생각을 모으면 더 좋은 아이디어가 나오기 때문이다. 아무리 훌륭한 건축설계사도 나무를 자르고 벽돌을 나르는 사람이 있어야 집을 지을 수 있다. 마찬가지로 내가 아무리 우수해도 다른 사람의 도움이 없으면 사회의 일도 내 일도 제대로 이룰 수 없다.

우리는 남들과 함께 사는 존재이면서 남들과 다르게 살고 싶어 하는 존재이다. 나만의 개성을 발현하고, 남보다 우월한

능력을 드러내고 싶어 한다. 그렇게 '나'를 찾아가는 삶이 공동체 안에서 조화롭게 이루어진다면 더할 나위 없으리라. '함께, 그리고 다르게' 살아가는 것, 이것이야말로 앞으로 우리가 지향해야 할 바람직한 자아의 방향일 것이다.

## 2. 다혈질 개구리와 과묵한 도롱뇽

연못 나라에 다혈질 개구리와 과묵한 도롱뇽이 살고 있었다. 성격이 급한 다혈질 개구리는 자기 생각과 감정을 바로바로 말로 드러냈다. 어떤 연못 생물과 말싸움이 붙어도 개구리는 단 한 번도 지지 않았다. 덕분에 개구리와 한 번이라도 언쟁을 했던 연못 생물들은 개구리에게 쉽사리 시비를 걸지 않았다.

몇몇 연못 생물들은 어떤 상대를 만나도 언제나 자기 할 말을 시원스레 내뱉는 개구리를 통쾌한 사이다에 비유하며 찬양하기도 하였다.

"크~ 개구리는 언제나 시원 시원하게 자기 할 말은 다 해! 완전 사이다!"

반면 도롱뇽은 말할 때 상당히 신중하고 과묵했다. 어떤 이

들은 도롱뇽이 소심한 탓이라고 생각하기도 했지만, 도롱뇽은 언제나 말을 하기 전에 한 번 더 생각하고 조심스레 말하는 성격이었다. 그래서인지 도롱뇽은 다른 연못 생물과 크게 다투는 일이 적었다.

도롱뇽의 과묵한 모습이 마음에 들지 않았던 개구리가 도롱뇽에게 따지며 말했다.

"야, 너는 왜 너 할 말을 제대로 하질 않니? 상대가 누구든 바로 바로 대꾸하고 너의 생각을 밀어붙여야지. 자고로 말싸움에서 지면 남한테 우습게 보이는 법이야. 어이구 이 답답한 자야!"

도롱뇽은 은근히 자존심을 건드리는 개구리의 말에도 여전히 바로 대답하지 않고 조용히 웃으며 숨을 고르더니, 조금 시간이 지나서야 천천히 말했다.

"언제나 말싸움에서 이기는 것만이 좋은 건 아니라고 생각해. 때로는 지는 게 이기는 법이야."

개구리는 도롱뇽의 말에 '그냥 네가 겁쟁이인 거겠지.'라며 코웃음을 쳤다.

그러던 어느 날, 자갈길을 지나던 개구리가 가재와 몸이 부딪히고 말았다. 화가 난 개구리는 곧바로 가재에게 '왜 길을 지나면서 앞을 제대로 보질 않는 거냐'며 따지고 들었다. 평소 하던 것처럼 시원스레! 그러나 다혈질 개구리는 몰랐다. 자신이 생각보다 말이 먼저 나가는 성격이라면, 가재는 말보다 주먹이 먼저 나가는 유형의 다혈질이라는 사실을.

시원스레 고함을 친 개구리의 얼굴에 가재의 매서운 집게 손이 시원하게 날아들었다. 가재에게 크게 한 대 얻어맞고 나서야 개구리는 자신이 실수했음을 깨닫고 자신을 도와줄 연못 생물이 없는지 주위에 도움의 눈빛을 보냈다. 하지만 안타깝게도 주위의 모든 연못 생물들은 개구리를 외면했다.

"그러게, 상대를 봐가면서 덤볐어야지. 평소에도 물불 안 가리고 한마디 말을 안 지고 싸우더니…쯧쯧!"

누구도 덩치 큰 불량배 가재에게서 개구리를 구해줄 엄두를 내지 못했고, 그동안 개구리의 직설적인 말 때문에 상처받고 불만이 쌓였던 동물들은 '흥! 꼴좋다' 하고 콧방귀를 뀔 뿐이었다.

가재에게 흠씬 두들겨 맞은 뒤에야 개구리는 얼마 전 도롱 뇽이 했던 말을 떠올리고, 성질 급하게 말을 내뱉기 전에 한 번만 말을 삼키고 신중했다면 좋았을 거라며 후회했다.

joo han Kim by Y.

## 늘 말을 삼키신 어머니가 남긴 교훈

이제 곧 어머님이 돌아가신 날이 다가온다. 어머니를 기억하면 떠오르는 일이 여러 가지 있지만, 그중 하나는 상대방에게 바로 바로 대꾸하지 못해 조금은 억울해하시던 모습을 자주 뵈었다는 것이다. 어머니는 대부분 약자의 위치에 계셨다. 힘으로는 아버지에게 밀리고, 가정에서는 시부모님을 모셔야 했고, 자식들은 잘 보살펴야 한다는 생각에 자신을 희생하려고만 하셨다.

시골에서 도시로 나와 생계를 위해 아버지를 도와 허드렛일을 하는 입장에서는 직장의 동료나 상사에게도 늘 조심하셔야 했다. 또한 고등학교를 졸업하신 어머니는 대학 나온 사람들 앞에서 늘 자신의 언행에서 어긋남이 없어야 한다고 생각하셨다.

이런 연유인지 어머니는 상대와 대화하는 도중에 자주 말을 삼키셨다. 아버지와 말다툼에서도 어린 내 눈으로도 충분히 대응할 수 있는 것으로 여겨지는 경우에도 참으셨다. 대학

입시를 앞두고 책상은 놓아둔 채 따뜻한 아랫목에서 이불을 덮어쓰고 책을 베게 삼아 잠만 자는 나에게도 몇 번을 참으시다가 이렇게 한마디 하시는 게 전부였다. "너무 편하면 공부가 되지 않는다."라고. 직장의 상사가 집으로 찾아와 자신의 잘못을 어머니의 잘못이라며 억지를 부릴 때에도 뭔가 말씀하시려다가 그만두셨다.

이른 나이에 대학교수가 된 내가 한 번은 어머니께 여쭈었다. "상대에게 바로 대응하지 못해 억울하시진 않으셨습니까?" 어머니의 대답은 이러했다. "젊은 시절 가세도 기울고, 많이 배우지 못해 바로 바로 대응할 자신도 없었지만, 한 편으로는 내 말이 어떤 결과를 가져올까 한 번 더 생각해 보고 말해야겠다고 마음먹고 있었다. 그러다 보니까 어떤 경우는 대응하지 않는 것이 좋겠다는 생각이 들 때도 있었고, 어떤 경우는 생각하다가 대꾸할 기회를 놓쳐 억울하기도 하였다." 그러면서 이렇게 덧붙이셨다. "달아, 너는 많이 배웠으니까 시원하게 할 말하고 살아라."

나중에 알게 된 사실이지만 어머니에게는 적이 없었다. 내 조부모님도 어머니에게 늘 고마워하셨고, 아버지는 늘 어머니의 호칭을 어머니의 이름인 '재선님'이라고 부르셨다. 어머니의 장례식에 참석하신 많은 분들이 어머니가 생전에 다른 사람과 언쟁을 벌이는 모습을 본 적이 없다는 말을 하셨다. 어머니와 언쟁의 가능성에 직면했던 분들도 순간은 '승리의 기쁨'이 있었겠지만, 돌아서서는 어머니의 온화한 성품을 한 번쯤 생각해 보지 않았을까 싶기도 하다. 지금은 애 엄마가 된 딸아이가 결혼할 때 나도 "남편과 언쟁할 때, 네 말을 한 번은 삼키고, 그 말이 어떤 결과를 낳을지 생각해 보고 입 밖으로 내보는 것이 좋겠다."고 당부하였다. 고맙게도 딸아이는 그 말을 잘 기억하고 있는 것 같아 보인다.

# 3. 힘을 합친 개미와 베짱이

여름 무더위가 한풀 꺾이고 이제 막 가을의 서늘한 날씨가 찾아올 무렵이었다. 베짱이 한 마리가 강아지풀 위에 걸터앉아 깊은 고민에 빠져 있었다. 여느 때처럼 노래를 부르며 빈둥거리던 베짱이의 머릿속에 문득 불안감이 스친 것이다.

'이렇게 놀기만 하다가는 정말로 개미들 말처럼 겨울을 못 나게 되지 않을까?'

얼마 전, 베짱이는 뜨거운 햇볕 아래서 열심히 일하는 개미들을 '일년 내내 죽어라 일만 하는 바보들'이라 비웃었지만, 사실 베짱이도 다가오는 겨울이 걱정되긴 마찬가지였다. 하지만 태평스레 보일 뿐 베짱이에게는 개미들처럼 겨울을 대비해 일년 내내 쉬지 않고 식량을 비축할 끈기나 성실함은 물론 체력조차 없었다.

그가 제일 잘하는 일은 예술적인 상상력을 발휘해 떠올린 가사를 아름다운 목소리로 노래하는 일뿐이었다. 한참 고민하던 베짱이는 이렇게 겨울에 굶어 죽을 수 없다고 결심을 굳히고 일어섰다.

해질 무렵, 오늘도 열심히 일한 개미들은 지친 몸을 이끌고 집으로 돌아가고 있었다. 개미들은 매일 열심히 일하는 삶에 보람을 느꼈지만, 봄부터 가을까지 쉬지 않고 일한 탓에 몸과 마음이 많이 지쳐 있었다. 일만 하는 개미들에게도 휴식이 필요했다.

그때 베짱이가 개미들 앞에 나타나 말을 걸었다.

"아이고~ 오늘도 일하느라 고생이 많았어, 친구들! 근데 너희들은 매일 일만 하고 특별히 여가 시간을 가지는 걸 본 적이 없는 것 같은데, 취미는 없는 거야?"

개미들은 피곤한 얼굴로 대답했다.

"우리는 평생 일하는 삶을 최고로 여기고 살아왔어. 따로 즐기는 취미는 없지. 사실 취미를 즐기고 싶어도 어떻게 하는 건지 방법을 몰라."

그러자 베짱이는 개미들에게 제안했다.

"나한테 좋은 생각이 있어. 나는 너희처럼 식량을 모으는 재주가 없지만 곤충 중에 제일 노래를 잘하지. 내가 지친 너희를 위해 노래를 불러줄 테니, 그 대가로 너희 개미들은 나에게 너희 식량을 나눠주는 거야. 어때?"

개미들은 어차피 충분히 많은 식량을 모았기 때문에 베짱이의 제안이 손해 볼 일은 아니라고 생각했다. 그리하여 개미와 베짱이의 협력관계가 성사되었다.

그날 이후, 베짱이는 개미들을 위한 노동요를 작곡해서 고된 일로 지친 개미들을 위해 노래를 불러주었다. 하루의 일이 끝나고 난 후 특별한 여가 시간이 따로 없던 개미들은 베짱이의 공연을 보기 위해 모이는 것이 일과가 되었고, 점차 피로한 몸과 마음에 활력이 생기기 시작했다. 그러면서 자연스럽게 개미들은 매일 하는 일에 더욱 보람을 느끼며 즐겁게 일하게 되었다.

베짱이는 그것으로 그치지 않고, 여왕개미를 위한 태교 음악과 어린 애벌레들을 위한 동요 등 개미들을 위한 다양한 음악을 작곡하면서 개미들과 더욱 돈독한 관계를 만들어나갔다. 이제 베짱이에게 노래는 단지 노는 것이 아니라 일이자 삶의 즐거움이었다.

시간이 흘러 추운 겨울이 되었다. 베짱이에게는 가을 동안 개미들에게 노래를 불러주고 받은 식량이 있었다. 충분한 양

은 아니었지만 그는 만족했다.

'이걸로 이번 겨울은 버틸 수 있겠어.'

그때, 개미들이 베짱이의 집을 찾아왔다. 수레에 한가득 식량을 싣고서 말이다!

그 식량은 가을 동안 자신들을 위해 열심히 노래해 준 베짱이에 대한 개미들의 보답이었다. 베짱이는 개미들에게 진심으로 고마워했다. 베짱이의 머릿속에는 벌써 내년 봄에 개미들을 위해 부를 신곡 아이디어가 떠오르고 있었다.

## 일과 놀이의 바람직한 조화

이솝 우화로 잘 알려진 '개미와 베짱이'는 겨울 식량을 비축하기 위해 일 년 내내 일하는 개미와 여름 내내 놀기만 하는 베짱이를 등장시켜 노동의 가치를 말한다. 그런데 재미있게도 최근에는 욜로(Yolo)족 베짱이 이야기라든지, 평생 일만 하다 지친 나머지 자신의 삶을 한탄하는 개미의 비극 등 원작을 각색한 버전이 더러 등장한다.

노력만으로는 성공하기 어려워진 현대 사회에서 그저 개미처럼 일하는 것이 과연 행복한 삶인가 하는 의문이 제기되는 것은 당연하다. 그렇다면 현재를 희생하여 미래를 추구하는 개미의 삶과, 불확실한 미래의 행복보다는 당장의 즐거움을 추구하는 베짱이의 삶 가운데서 어느 쪽이 더 현명하다고 할 수 있을까? '일'과 '행복'의 진정한 의미를 생각해 보지 않고 그 답을 내릴 수는 없을 것이다.

인간의 행복은 결코 원초적인 욕망과 쾌락, 안락함만 추구해서는 얻을 수 없다. 인간은 자아를 실현해 나갈 때 가장 행복을 느끼는 존재이기도 하다. 사회적 동물인 인간은 공동체 속에서 자신의 존재가치를 확인하고 드러낼 때 최고의 행복감을 느낀다. 일을 통해서 우리의 삶과 존재가 드러나는 것이다. 직업을 갖고 일하는 것을 신의 소명이라고까지 하지 않았는가!

여행을 다니거나 개인적인 여가 활동을 즐기기 위해서 직장에서 힘든 일을 견딘다고 생각하는 젊은이들이 많다. 일하는 것은 결코 고통이 아니다. 물론 일과 동시에 여가 활동도 필요하다. 개미처럼 열심히 일하다가도, 베짱이처럼 음악과 휴식을 즐겨야 건강한 삶을 유지할 수 있다.

개미에게는 베짱이의 여유가, 베짱이에게는 개미의 근면함이 필요한 것처럼 우리의 삶은 일과 놀이의 조화가 이루어져야 한다. 자신의 일을 사랑하고, 노동하는 것에 보람을 느끼고, 적절한 휴식과 즐거움을 누리며 자아를 실현해 나가는 삶. 이런 삶이야말로 현대인의 진정한 행복이자 건강한 욜로가 아니겠는가.

# 4. 자유를 택한 산 나귀

어느 바위가 많은 산에 두 마리의 산 나귀가 살고 있었다. 바위산은 지형이 험하고 먹을 것이 부족했기 때문에 두 나귀는 항상 식량을 찾아다니느라 하루 종일 온 산을 돌아다녀야 했다. 나귀들은 언제나 배불리 먹을 수 있는 편안한 삶을 몹시 갈망하였다.

평소처럼 산을 돌아다니던 어느 날, 산 나귀들은 산속 깊은 곳에 사는 신비로운 마법사를 만나게 되었다. 마법사는 두 나귀의 소망을 꿰뚫어 보고 자신의 마법으로 원하면 언제나 배불리 먹을 수 있는 삶을 줄 수 있다고 제안하였다.

마법사의 말을 들은 나귀들은 기뻐하였다. 하지만 마법사는 한 가지 조건이 있다며 말을 덧붙였다.

"이 세상 모든 것에 공짜는 없는 법입니다. 당신이 가지고 있

joo han Kim by Yi

는 것 중에서 무언가 값을 치르고 그 대가로 풍족한 삶을 드리는 겁니다. 저와 거래를 하시겠습니까?"

두 나귀 중 한 마리는 신중했다. 가지고 있는 무언가를 대가로 바쳐야 한다는 말에 조심스러워진 나귀는 마법사의 제안을 거절하였다. 하지만 다른 한 마리의 나귀는 어떤 대가를 치르든 지금보다 풍족한 삶을 살고 싶었다. 그는 마법사의 제안을 받아들였다. 마법사는 알겠다는 대답과 함께, 제안을 받아들인 나귀를 데리고 사라졌다.

혼자 남게 된 산 나귀는 또다시 식량을 구하기 위해 험한 바위산을 오르내리며 여행을 하기 시작했다. 그로부터 몇 달이 지나 산 나귀는 먹을 것을 찾으러 유랑하다가 바위산 아래에 인간이 모여 사는 마을까지 내려오게 되었다. 산 나귀는 그 마을에서 마법사와 함께 사라졌던 옛 친구를 발견하였다. 마법사와 함께 갔던 나귀는 인간의 마을에서 집 나귀가 되어 살고 있었다.

산 나귀는 집 나귀에게 달려가 반가운 마음에 이렇게 인사하였다.

"정말 그 마법사의 말대로 배불리 먹는 삶을 살고 있었구나! 언제나 인간이 주는 밥을 배불리 먹고, 비바람을 막아주는 지붕 있는 집까지. 나도 너처럼 마법사의 제안을 받아들였어야 했는데!"

그러자 집 나귀가 한숨을 쉬며 대답했다.

"마지막에 마법사가 했던 말 기억나? 우리가 가진 무언가를 팔아야 한다는 조건 말이야. 난 가만히 있어도 밥이 나오는 삶을 얻는 대가를 지불했어, 친구. 그게 무엇이냐면…"

집 나귀의 말이 끝나기 전에 집 나귀의 주인이 나타나 집 나귀를 마구간 밖으로 끌고 나왔다. 그리고 집 나귀의 등에 무거운 짐을 한가득 싣기 시작했다. 주인이 집 나귀의 고삐를 잡아당기자 집 나귀는 어쩔 수 없이 짐을 싣고 주인을 따라나서며 산 나귀에게 조용히 중얼거렸다.

"나는 내 자유를 팔았어, 친구."

집 나귀와 헤어지고 산으로 돌아오던 산 나귀는 산 중턱에서 다시 그 마법사를 만났다. 마법사가 산 나귀에게 마음이 바뀌었냐고 묻자, 산 나귀는 고개를 가로저으며 대답했다.

"나는 비바람을 맞고 배가 고파도 자유롭게 돌아다닐 수 있는 삶이 더 좋아요. 고맙지만 당신의 제안은 받아들이지 않겠어요."

마법사는 고개를 끄덕이더니 그대로 모습을 감추었다.

## 선택의 대가

모든 일에는 대가가 따른다. 예컨대 점심을 사주겠다는 친구가 있어 점심 값을 내가 치르지 않고 그와 같이 점심을 먹었다 하자. 그러면 나는 공짜 점심을 먹은 것일까? 그렇지 않다. 나는 점심시간을 그의 이야기를 들으면서 보내는 바람에 혼자 밥을 먹으면서 그 시간에 읽으려 했던 패션잡지를 읽지 못했다. 무료로 점심을 먹는 대신 유행하는 패션에 대한 정보 습득의 기회를 놓쳐 버린 비용을 지불한 것이다.

이처럼 '세상에 공짜 점심은 없다.'는 말이 있다. 노벨 경제학상 수상자인 미국의 경제학자 폴 사무엘슨(Paul A. Samuelson)이 모든 경제활동에는 비용이 들어간다는 의미로 사용하였다. 결국 모든 일에는 선택이 따르고, 그에 따라 치르는 대가가 있기 마련이다. 패션잡지를 읽는 대신 친구와의 점심을 선택하였으면, 패션잡지에 실린 정보 습득의 기회를 대가로 지불한 것이다.

그렇다. 우리가 하는 모든 일에는 비용이 따른다. 그 시간에 어떤 일을 할 것인지는 자신의 선택이다. 친구가 사주는 공짜 점심을 먹을 것인가, 아니면 책을 읽을 것인가? 산 나귀로 살면서 배는 고프더라도 자유를 누릴 것인가, 아니면 배불리 먹을 수 있는 대신 무거운 짐을 실어 나를 것인가?

그런데 비용을 치르고 하는 선택은 자신의 몫이다. 이는 자신이 어디에 가치를 둘 것인가에 따른 것이다. 이러한 선택은 무슨 일을 할 것인가를 결정할 수 있게 한다. 즉, 선택에서 중요한 것은 선택 자체가 아니라, 자신이 무엇에 가치를 둘 것인지에 대한 결정인 것이다. 이런 결정을 보고 사람들은 그가 어떤 가치를 추구하는지, 어떠한 사람인지를 판단한다.

# 5. 마지막 대장장이

아주 옛날 어느 대륙에 큰 나라와 작은 나라가 서로 국경을 맞대고 있었다. 큰 나라는 넓은 국토와 막강한 군사력을 앞세워 작은 나라의 내정에 사사건건 간섭하고 매년 공물을 바치라고 요구하였다. 만약에 작은 나라가 말을 듣지 않으면 그때마다 큰 나라는 전쟁을 일으켜 작은 나라를 공격할 것처럼 위협하였기 때문에, 작은 나라는 어쩔 수 없이 큰 나라의 부당한 요구에 따를 수밖에 없었다.

어느 날, 나날이 심해지는 큰 나라의 횡포를 이대로 두고 볼 수 없다고 여긴 작은 나라 국왕이 신하들을 불러 말했다.

"계속 이렇게 큰 나라의 간섭과 위협 속에 살다간 언제 우리가 나라를 빼앗길지 모를 일이요. 큰 나라를 이길 수 있는 좋은 방법이 없겠소?"

신하들은 골머리를 싸매며 깊은 고민에 빠졌지만, 어느 하나 뾰족한 수를 내놓지 못하였다. 그때 장군 한 명이 왕에게 말하였다.

"왕이시여, 우리 작은 나라는 큰 나라보다 영토도 작고, 인구도 부족하니 만약 이대로 전쟁이라도 난다면 이길 방도가 없습니다. 그러나 한 가지 방법을 생각하건데, 큰 나라의 무기보다 훨씬 더 강한 무기를 만든다면 비록 우리의 병력이 적다고 하더라도 승산이 있을 것입니다."

왕은 장군의 말이 일리 있다고 생각하였다. 작은 나라 왕은 곧바로 왕국의 솜씨 좋은 대장장이 열 명을 은밀히 왕궁으로 불러들여 명을 내렸다.

"우리를 오랫동안 괴롭혀 온 저 큰 나라도 우리처럼 청동으로 된 무기를 쓰고 있다는 사실을 그대들도 잘 알고 있을 것이오. 그런데 청동 무기는 내구성이 약하고 잘 상하기 때문에 검끼리 부딪히면 이가 나가고, 창으로 방패를 찌르면 뚫려 버리지. 이런 청동 무기보다 훨씬 강하고 튼튼한 무기를 만들어서 가질 수만 있다면, 아무리 큰 나라가 쳐들어온다고 해도 우리가 이기지 못하리란 법이 없을 것이오. 그러니 그대들이 지혜를 발휘해 꼭 청동 무기보다 강한 새로운 무기를 만들어 주길 바라오."

왕의 명을 받은 대장장이들은 반드시 청동기보다 강한 무기를 만들겠다고 굳게 약속하며 서둘러 각자의 대장간으로 돌아갔다. 그리고 곧바로 신무기를 만들기 위한 제련을 시작하였다.

그러나 호기롭게 신무기 개발에 들어간 것이 무색하도록, 청동보다 강하고 튼튼한 신무기를 만들어내는 것은 결코 쉬운 일이 아니었다. 우선 청동보다 강하고 단단한 원료를 선별해내는 일에서부터 선별해낸 재료를 다시 무기로 가공하는 일까지 어느 하나 누구도 해보지 않은 생소한 일들이었기 때문이다.

청동보다 강력한 원료를 찾아내기까지 무려 일 년의 세월이 걸렸다. 일 년 동안 열 명의 대장장이들은 무려 수백 번의 시도와 실패를 겪고, 그 과정에서 네 명의 대장장이가 포기하고 말았다. 남은 여섯 명의 대장장이는 일 년 만에 청동보다 강한 금속인 철을 찾아내는 데 성공하였다.

그 다음 철을 무기로 가공하기 위해 제련하는 데 다시 일 년의 시간이 흘렀다. 그 누구도, 한 번도 제련해 본 적 없는 새로운 금속을 불에 달구고 담금질하는 일은 한 치 앞이 보이지 않는 밀림을 걷는 것 같은 작업이었다. 이 과정에서 다시 네

joo han Kim by Y.

명의 대장장이가 포기하고 말았다. 그렇게 마지막 남은 두 명의 대장장이는 마침내 철의 제련법을 완벽히 개발하는 데 성공하였다.

그러나 실제로 전쟁이 일어났을 때 병사들이 안심하고 사용할 수 있도록 완벽한 무기를 만들기 위해서는 훨씬 더 정교하고 세심한 작업이 필요했다. 청동 무기보다 훨씬 강하면서도, 병사들이 들고 싸우기 편하도록 가벼워야 했기 때문이다. 철검을 크고 두껍게 만들면 청동 무기보다 훨씬 강하지만 손에 들고 휘두를 수 없을 정도로 무거웠고, 너무 가볍게 만들면 쉽게 부러지고 말았다.

마지막 남은 두 대장장이는 철의 순도는 어느 정도여야 하는지, 담금질은 몇 번을 해야 하는지, 얼마나 가볍게 만들었을 때 튼튼하면서도 날카로운 무기가 되는지 등 모든 것을 섬세하게 연구하였다.

또다시 수백 번, 수천 번의 시도와 실패가 이어졌다. 매일 매일 아주 미세하게 수치를 바꾸고 지루한 실험과 가공을 계속하였다. 그러던 중 결국…마지막 남은 두 명의 대장장이 중 한 명마저 포기하고 말았다.

포기한 대장장이가 한탄하며 말했다.

"지난 삼 년 동안 수천 번 철을 만지고, 수만 번 망치질을 했지만 결국 신무기를 만들어내지 못했구나! 이렇게까지 열심히 했는데 실패했다면 결국 이건 처음부터 불가능한 일이었던 거야."

유일하게 남은 한 명의 대장장이는 계속해서 실험을 이어나 갔다. 자신을 제외한 모든 대장장이들이 포기했음에도 불구하고 마지막 대장장이는 묵묵히 수백 번 철을 담금질하고 수천 번 망치로 두들겼다. 마지막 대장장이가 999번째 철검을 만들고, 그 철검을 청동기에 내려치자 철검이 부러지는 모습을 지켜본 대장장이의 제자가 그에게 말하였다.

"스승님, 이제 그만하시지요. 이걸로 벌써 999번째 실패입니다. 이만큼 철을 제련하는 데 성공하셨으면 된 겁니다. 청동기보다 강한 신무기를 만드는 것은 이제 포기하시는 것이 어떠신지요."

그러자 대장장이는 눈썹 하나 까딱하지 않고 대답했다.

"네 말대로 이제 막 999번째 실패를 했을 뿐이다. 999번이나 실패했으니 이제 그만큼 성공하는 방법에 가까워진 거지."

이윽고 마지막 대장장이는 1,000번째 철검을 만들었다. 그 철검은 성인 남성이 가볍게 휘두를 수 있을 정도로 가볍고 날렵했다. 곧이어 대장장이가 숨을 들이키며 그 철검을 청동검에 내려치자, 철검은 청동검의 몸통을 두 동강냈다. 부러진 청

joo han Kim by Y3

동검의 위로 철검이 여전히 기세등등하게 칼날을 빛내고 있었다. 청동 무기보다 훨씬 강하면서 가볍고 날렵한 신무기가 탄생하는 순간이었다.

마지막 대장장이는 999번의 실패 끝에 마침내 성공을 거두었다. 그러나 그가 이루어낸 한 번의 성공은 그 동안의 실패를 모두 성공으로 만들었다. 당연히 그 동안의 실패가 없었으면 지금의 이 성공도 없었을 것이기 때문이다! 그는 기쁨의 눈물을 하염없이 흘렸다.

## 실패로부터의 학습, 마지막에 성공한 링컨 대통령

에이브러햄 링컨(Abraham Lincoln)은 미국인들이 가장 존경하는 대통령 중 한 명이다. 그는 미국 남북전쟁의 승리로 노예제도를 폐지해 미국 자유민주주의의 토대를 만들었다. 그는 그전까지 여러 주가 느슨하게 모인 연맹체였던 미국을 단일 국가로 운명을 같이하는 미국합중국(The United States of America)으로 만들었으며, 그가 게티즈버그 연설에서 말한 '국민의, 국민에 의한, 국민을 위한 정부'는 지금도 민주주의 정신의 핵심을 담은 명연설로 전 세계인들이 기억하고 있다.

하지만 링컨은 역경과 실패 속에서도 포기하지 않고 노력하여 평생에 걸친 실패를 성공으로 마무리하는 삶을 산 대표적인 인물이다. 그는 가난한 집에서 태어나 아홉 살에 어머니를 여의고 사업에도 실패하고 건강도 잃었으며, 여러 선거에서 공식적으로 수십 번의 낙선을 경험하였지만, 51살에 마침내 미국 제16대 대통령에 당선되었다.

링컨은 자신의 성공의 비결이 무엇인지 묻는 질문에 다음과 같이 대답하였다. "나는 실패할 때마다 실패에 담긴 뜻을 배웠고, 그것을 디딤돌로 활용했습니다. 누구보다 실패를 많이 한 것이 내가 성공을 이룬 비결입니다."

이 말은 링컨이 왜 성공했는지를 알게 한다. '실패로부터의 학습.' 이것이 곧 성공의 비결이다. 실수나 실패를 다음 단계를 위한 교훈으로 생각하고, 자신의 습관과 전략을 재검토하고, 꾸준히 자신을 반성하면서 변화의 계기로 삼을 수 있다면 우리는 성공의 터전을 만들 수 있을 것이다.

# 6. 쇠똥구리와 말똥구리의 우정

쇠똥구리와 말똥구리는 어릴 때부터 같은 마을에서 자란 친구였다. 두 친구는 마을 사람들이 쌍둥이라고 부를 만큼 비슷한 점이 많았기 때문에 친형제처럼 친하게 지냈다. 어느 날, 평화롭던 동물 나라에 전쟁이 일어나 쇠똥구리와 말똥구리는 각자 다른 곳으로 피난을 가게 되었다. 두 친구는 헤어지기 전 마지막으로 만나 이렇게 약속하였다.

"우리 반드시 열심히 노력해서 동물 세상에 보람 있는 일을 하는 훌륭한 동물이 되어 다시 만나자, 말똥구리야."

"그래. 반드시 그렇게 하자. 20년 뒤에 이곳 고향 마을에서 꼭 다시 만나자, 쇠똥구리야."

두 친구는 서로에게 굳게 약속하고 각자의 길을 떠났다.

쇠똥구리는 굴뚝 청소부 일을 시작하였다. 매일 지저분한

joo han Kim by B

굴뚝 속에서 먼지를 뒤집어쓰며 청소하느라 힘들었지만, 쇠똥구리는 말똥구리와 한 약속을 지키기 위해 열심히 일하며 돈을 모았다. 반면 말똥구리는 전쟁을 피해 새로 정착한 마을에서 베짱이, 여우같이 놀기 좋아하는 건달 동물들과 어울려 시간을 낭비하면서 보냈다.

시간이 흘러 20년의 세월이 지났을 때, 쇠똥구리와 말똥구리의 삶은 너무나도 많이 달라져 있었다. 쇠똥구리는 굴뚝 청소부 일을 하면서 모은 돈과 노하우로 건물관리사업을 시작하고, 점차 사업을 늘려 여러 지역에 지사를 둔 큰 회사의 사장이 되었다. 하지만 열심히 살지 않고 시간을 낭비한 말똥구리는 결국 술에 찌든 노숙자가 되고 말았다.

어느 날, 말똥구리는 쇠똥구리가 성공했다는 소식을 듣고 오래 전 쇠똥구리와 했던 약속을 기억해냈다. 말똥구리는 옛 친구를 만나 도움을 청하기로 마음먹고 쇠똥구리의 회사로 찾아갔지만, 회사 경비원은 노숙자 행색의 말똥구리를 매몰차게 내쫓았다. 그러나 말똥구리가 찾아왔다는 소식을 들은 쇠똥구리는 곧장 달려 나가 회사 경비원에게 사정하고 있는 말똥구리를 직접 반겼다. 20년 만에 재회한 두 친구는 감격의 눈물을 흘렸다.

말똥구리는 쇠똥구리에게 자신의 처지를 솔직하게 털어놓

으며 도와달라 부탁하였다. 그러자 쇠똥구리가 말했다.

"나는 자네와 20년 전에 나눈 약속 덕분에 열심히 노력해서 이렇게 성공할 수 있었네. 그렇기 때문에 자네는 나의 고마운 은인이야. 자네를 도와주겠네. 하지만 한 가지 조건이 있어. 자네의 삶을 망친 나쁜 습관들을 모두 버리고 열심히 일할 것! 앞으로 일 년 동안 내 회사에서 일하면서 이 조건을 지켜낸다면 자네에게 아주 좋은 직장을 소개하겠네."

말똥구리는 20년 전 자신과 했던 약속을 잊지 않은 덕분에 성공할 수 있었다는 쇠똥구리의 말에 깊이 깨닫고, 쇠똥구리의 제안을 받아들이기로 하였다. 그날 이후, 말똥구리는 늘 술에 취해 시간을 낭비하던 생활을 청산했다.

그리고 쇠똥구리의 회사에 계약직 청소부로 고용되었다. 좋아하는 술을 끊고, 매일 아침부터 저녁까지 도시의 거리를 청소하는 일은 말똥구리에게 굉장히 힘든 일이었지만 그는 잘못된 과거와 결별하기로 굳게 다짐하고 노력하였다. 바람이 심한 날에는 더 일찍 일어나 거리의 쓰레기를 치웠고, 도시를 깨끗하게 만드는 일이라면 마다하지 않고 누구보다 열정적으로 나섰다.

그렇게 말똥구리가 열심히 일하고 일상에 감사하는 마음으로 살기 시작한 지 일 년이 지났다. 말똥구리가 사는 도시는

joo han Kim by ỵ

동물 나라에서 가장 깨끗한 청결 우수 도시로 선정되었다. 시민들은 누구보다 열심히 도시의 청결을 위해 일한 말똥구리를 칭찬하였고, 시장은 말똥구리를 그 지역의 도시 청결 관리 책임자로 임명하였다.

말똥구리는 쇠똥구리에게 웃으며 이렇게 감사의 인사를 전했다.

"고맙네, 쇠똥구리. 잊고 있었던 20년 전 약속을 자네 덕분에 기억해냈어. 그리고 이제야 내 스스로의 노력으로 친구와 했던 약속을 지켜낼 수 있게 됐네."

쇠똥구리는 말똥구리에게 좋은 직장을 구해주겠다는 약속을 지킬 필요가 없게 되었다. 왜냐하면 말똥구리 스스로 노력한 결과 보람 있고 좋은 직장을 가질 수 있었기 때문이다. 21년 만에 약속을 지킨 말똥구리와 쇠똥구리는 서로에게 고마워하며 그 후로도 오래 오래 우정을 쌓았다.

## 힘들어도 이겨내야 할 나쁜 습관과의 단절

삶의 가치를 훼손하는 과거의 낡은 습관을 끊어내는 일은 성공적인 삶을 이루어나가는 데 매우 중요하다. 뉴욕의 범죄자로 감옥에 수감되었던 말콤 엑스(Malcolm X)가 흑인 인권운동가로 거듭날 수 있었던 것도 자신의 어두운 과거와 단절했기 때문이다.

과거의 낡은 습관을 끊어내는 일은 허튼 욕망을 인간적인 수양을 통해 없애는 것이다. 단호한 실천이 없으면 이룰 수 없다. 조선의 선비 남명 조식(曺植) 선생은 욕망을 이겨낸다는 것은 밥 먹던 솥을 깨부수고, 주둔하던 막사를 불사르고, 타고 왔던 배를 불사른 뒤, 병사들에게 사흘 동안 먹을 양식만을 나누어 주고, 죽지 않고는 돌아갈 수 없다는 식의 비장한 결의가 있어야 비로소 이룰 수 있는 일이라고 하였다.

# 7. 겸손한 청설모 장수

어느 날 바다 건너 고양이 나라가 숲속의 쥐 나라에 쳐들어왔다. 쥐 나라 장수 청설모는 부대를 이끌고 나와 들판에서 고양이 부대에 대항하여 격렬한 전투를 벌였다. 청설모가 이끄는 부대가 전투에 앞장서게 되었는데 청설모가 온 힘을 다해 싸운 덕에 고양이 부대의 공격을 주춤하게 만들었다. 쥐들이 청설모의 용기와 공로를 칭찬하였다. 그렇지만 청설모는 자신을 자랑하지 않았다.

"나는 그냥 앞장서서 달려 나갔을 뿐입니다. 우리 부대원들이 열심히 싸워준 덕에 이길 수 있었던 거죠."

며칠이 지나 고양이 부대의 지원군이 도착해 싸움에 밀리기 시작한 청설모의 부대는 후퇴하게 되었다. 전투에서 후퇴는 어려운 일이다. 쫓아오는 적과 싸우며 도망가야 하기 때문

joo han Kim by B

joo han Kim by B

이었다. 뒤처져 후퇴하는 병사들은 추격해오는 적들과 싸우다 전사하는 경우가 많기 때문에 용감한 병사들이 가장 마지막으로 남게 되었다.

청설모는 치열하게 고양이들과 싸우면서 맨 마지막으로 후퇴하여 무사히 돌아오게 되었다. 청설모 덕분에 안전하게 후퇴할 수 있었던 많은 쥐 부대원들이 환호하며 돌아온 그를 치켜세웠다. 그러자 청설모는 이렇게 말했다.

"내가 무슨 용기로 맨 마지막까지 남으려 했겠습니까! 나 역시 빨리 도망가고 싶었지만, 아쉽게도 내 발이 느려서 빨리 달리지 못했기 때문에 마지막으로 돌아온 것 뿐입니다. 하하."

하지만 부대원들은 모두 알고 있었다. 청설모가 쥐 장수들 중 가장 빠르게 달리는 쥐라는 사실을!

## 겸손의 미덕, 스스로 낮추는 자는 높아진다

논어의 '옹야(雍也) 편에는 제나라에게 패하여 후퇴하던 노나라 대부 맹지반의 이야기가 나온다. 그는 최후방에서 추격하는 적을 결사적으로 막다가 성문이 닫힐 때쯤 겨우 들어오면서 "뒤에 남고 싶어서가 아니라, 말이 빨리 달리지 않았다."고 말한다.

겸손은 내면적으로 자신을 비우고 낮추는 자세임과 동시에 겉으로는 상대에게 잘난 척하지 않고, 가식 없는 모습으로 보이도록 한다.

물론 과하게 겸손한 태도는 겉치레나 처세의 일종으로 보일 수 있으나, 어쨌든 자신을 지나치게 내세우지 않으려는 겸손의 자세는 우리 삶의 기본적인 미덕이다. '벼는 익을수록 고개를 숙인다.'는 우리 속담이나 '누구든지 자기를 높이는 자는 낮아지고, 자기를 낮추는 자는 높아질 것.'이라고 한 성경 구절이나(마태복음 23장 12절) 모두 실천하기 쉽지 않은 겸손의 미덕을 이야기한다.

'강물이 모든 골짜기의 물을 포용할 수 있음은 아래로 흐르기 때문이다. 오직 아래로 낮출 수 있을 때에야 비로소 위로도 오를 수 있게 된다.'고 한 한대(漢代) 초기 저작물『회남자』(淮南子)에 나오는 문구 역시 이러한 겸손의 미덕을 이야기하고 있다.

## 8. 보름달이 된 숲속의 쥐 영달이의 꿈

가난한 숲속 마을에 사는 쥐 영달은 어릴 적부터 몸에 상처가 많았다. 밤이 되면 칠흑처럼 깜깜해지는 숲길을 지나다니다가 자주 부딪히고 넘어졌기 때문이다.

'강 건너 큰 동물들이 사는 도시는 밤이 되면 전기가 들어와서 온 길을 환하게 밝혀준다는데…'

영달은 내심 강 건너편 도시의 전기가 부러웠지만, 그가 사는 숲속 마을은 너무 가난해서 전기를 사용할 수 있는 형편이 되지 못했다. 숲에 사는 동물들은 그저 해가 저물어 어두운 숲길에서 헤매기 전에 후다닥 자신의 집으로 들어가는 수밖에 없었다.

그러던 어느 날, 숲속 마을의 청년 너구리가 홀어머니를 부양할 돈을 벌기 위해 도시로 나갔다가 돌아오는 길에 그만

joo han Kim by B

크게 다치고 말았다. 밤늦은 시간까지 일하고 집에서 기다리는 어머니가 걱정되어 시커먼 숲의 밤길을 지나오다가 발을 헛디뎌 절벽에 굴러 버린 것이다. 숲속 마을 동물들은 모두 슬퍼했다. 하지만 그들은 가난한 우리가 뭘 할 수 있겠어라고 체념했다.

그러나 영달은 다른 동물들과 달랐다. 다친 너구리를 보며 영달은 자신이 가난한 숲속 마을의 '어둠을 밝히는 쥐'가 되어야겠다는 꿈을 품었다. 그날 이후로 영달은 마을의 어둠을 밝힐 수 있을 정도로 밝은 빛이 나는 물건을 만들기로 결심했다.

영달은 열심히 빛과 전기에 대해 공부하기 시작했다. 강 건너편 도시의 조명 회사를 찾아다니며 일을 하고 기술을 배웠다. 도시의 조명 회사 사장님은 영달이의 재능과 성실함을 높이 평가하고, 그에게 도시에 와서 풍족하게 살면 어떻겠냐고 제안하였지만 영달은 거절하였다. 영달에게는 고향 마을의 밤을 밝히려는 꿈이 있었기 때문이다.

얼마 뒤 영달은 더 많은 기술과 지식을 배우기 위해 이웃 마을의 조명연구소에 연구원으로 취직하였다. 영달에게는 더욱 크고 환하게 빛나는 물건을 만들겠다는 생각밖에 없었다.

영달이가 꿈을 위해 노력한 지 십 년이라는 세월이 지났고, 마침내 영달은 둥글고 커다란 공 속에 빛을 넣어 주변을 밝히

jao han Kim by Y

는 물건을 발명하였다. 하지만 안타깝게도 그 물건에는 단점
이 있었다. 한 달에 딱 하룻밤만 빛을 낼 수 있었던 것이다.

"충전하는 시간은 오래 걸리는데, 빛을 낼 수 있는 건 하룻
밤뿐이구나. 하지만 전기가 들어오지 못하는 가난한 우리 마
을에 조금이라도 빛을 밝혀주기 위해서는 이 물건이 가장 큰
희망이야."

비록 빛을 내는 시간은 잠시뿐이지만, 그 물건은 영달 스스
로도 놀랄 만큼 정말로 환하게 빛이 났다.

영달은 그 밝게 빛나는 공을 마을의 우뚝 솟은 산꼭대기에
걸어 마을 전체를 밝히기로 하였다. 그는 빛이 나는 공을 짊어
지고 마을의 가장 높은 산꼭대기를 향해 올라갔다.

영달의 몸통보다 큰 공을 높은 산꼭대기까지 올려놓는 일
은 정말 쉽지 않은 일이었지만 영달은 꿋꿋하게 올라갔다. 그
리고 보름이라는 시간이 걸려 마침내 산의 정상에 오른 영달
은 빛이 나는 공을 산마루에 걸고, 밤이 되자 공의 스위치를
켰다.

빛은 마을뿐만 아니라 이웃 여러 숲을 포근하고 은은하게
비춰주었다. 영달이 보름 동안 산에 올라 빛을 밝힌 이 날만
은 마을의 동물들은 어두운 숲길에서 넘어지지 않을 수 있었

jas han Kim by Y

다. 편하게 곡식을 집까지 나를 수 있었고, 일하러 도시에 갔던 동물들은 안전하게 집으로 돌아올 수 있었다.

하룻밤이 지나고 충전해둔 공의 빛이 모두 떨어지자 영달은 공을 짊어지고 다시 산을 내려왔다. 그리고 집으로 돌아와 다시 공에 동력을 충전하여 산에 올라 마을의 어둠을 밝히고, 다시 내려오기를 반복하였다. 영달의 노력으로 가난한 숲속 마을은 딱 한 달에 한 번 가장 밝게 빛나는 밤을 보낼 수 있었다.

세월이 지나 영달이 나이 들어 세상을 떠난 이후에도 빛나는 공을 산꼭대기에 올리는 일은 계속되었다. 영달의 아들이 한 달에 한 번씩 마을과 숲의 밤을 밝혔다. 세월이 지나 다시 영달의 손자가, 그리고 다시 그 손자의 아들이 빛나는 공을 산꼭대기에 올렸다.

숲속 마을의 동물들은 영달에게 존경과 고마움을 담아 그 공에 이름을 붙였다. '보름 동안 숲을 밝히는 공'과 '영달'의 이름을 따서 '보름달'이라고 부르기 시작한 것이다.

## 노력과 인내로 맺은 결실

성공적인 삶을 위한 첫걸음은 꿈꾸는 일일 것이다. 꿈을 꾼다는 것은 스스로에게 무엇이 필요한지, 자신의 처지가 어떠한지 분명하게 생각하는 일도 포함된다. 사실 꿈은 곡식을 추수하기 위해서 씨를 뿌리는 일과도 같으며, 인생이 무엇인가를 그저 가져다주기를 바라지 않고 능동적으로 어떤 것을 성취하는 과정이기도 하다.

그런데 꿈의 형태가 반드시 고정적인 최종 산물일 필요는 없다. 그보다는 우리가 미래를 향해 계속 나아가도록 동기를 부여해 주는 틀에 박히지 않은 꿈이 바람직하다. 예를 들어 교수와 같이 특정한 직업이나 박사학위 취득과 같은 목표는 고정적이다.

우리의 삶은 역동적이어서 어떤 생활도 새롭게 충전하지 않으면 즐거움은 퇴색하고 쉽게 타성에 젖게 된다. 예컨대 직업으로 교수가 되겠다는 목표보다는 새로운 이론과 교육으로 세상의 진리를 세우겠다고 생각하는 것처럼, 유동적이고 가치 추구적인 꿈이 더 의미 있고 풍족한 인생을 만들어 주리라 확신한다.

　또한 꿈은 한 번에 달성하는 것이 아니라 꾸준하게 커나가는 것이라고 여기는 게 좋다. 대개 가치 있는 일들은 오랜 시간 계속된 꾸준한 노력의 결과이다. 아름다운 정원이 많은 수목을 오랜 시간 꾸준히 가꾼 결과물인 것과 마찬가지이다. 멋진 삶도 오랜 시간 힘을 쏟고, 꾸준한 인내로 꿈을 꾸고 실천하는 과정이다.

# 9. 동물 농장의 재판

동물 농장에 욕심 많은 부자 하마가 살고 있었다. 하마의 땅에서 농사를 지으며 소작농 생활을 하는 가난한 동물들은 하마의 갑질 횡포 때문에 고달픈 나날을 보내고 있었다. 날이 갈수록 심해지는 하마의 횡포를 보다 못한 의적 학과 기린은 힘을 합쳐 하마의 보물창고를 털어 가난한 동물들에게 나누어 주기로 결심했다. 학과 기린은 어두운 밤을 틈타 하마의 집에 몰래 들어가기로 계획을 세웠다.

동물 농장에 컴컴한 밤이 찾아오고, 학과 기린이 소리 없이 하마의 집 담벼락 밑에 나타났다. 동물 농장에는 자정이 지나면 밖을 함부로 돌아다닐 수 없는 통행금지령이 있었다. 자정이 지난 야심한 밤, 모두가 잠든 조용한 농장 거리에 학과 기린의 은밀한 발자국 소리만 들렸다.

다음 날 하마의 보물창고에 도둑이 들어 전 재산이 털린 사실과 가난한 동물들에게 하마의 재산을 모두 나눠준 의적 동물의 소문이 동물 농장에 빠르게 퍼지고 있었다. 하마는 욕심 많은 턱을 부르르 떨며 동물 경찰인 표범에게 수사를 의뢰했다. 표범은 탐문 수사를 통해 어젯밤 학과 기린이 통행금지 시간에 바깥에 있었다는 소문을 듣고 둘을 서둘러 체포하였다.

표범은 하마의 재산을 도둑질한 범인이 학과 기린 두 동물이라고 의심했지만, 자정이 지난 시간에 바깥에 있었다는 소문 외에는 확실한 증거가 없었다.

'이대로라면 두 녀석에게 통행금지령을 어긴 벌을 줄 수는 있겠지만, 도둑질에 대한 죄는 물을 수 없을 것 같군. 자백을 받아내는 수밖에 없겠어.'

고민하던 표범은 학과 기린에게서 자백을 받아낼 기발한 방법을 떠올렸다. 표범은 학과 기린을 따로 따로 방에 가두고 서로 대화를 나누지 못하게 하였다. 그리고 각각에게 이렇게 말했다.

"비록 아직 확실한 증거는 나오지 않았지만, 너희가 함께 하마의 집을 도둑질한 걸 난 알고 있어. 지금이라도 자백하면 처벌을 가볍게 받을 수 있도록 선처해 주겠다. 단, 둘이 모두 자백한다면 농장 우물 파기 공사 1년 형! 둘 중 한 명만 자백한 다면 자백한 쪽은 6개월, 자백하지 않은 쪽은 괘씸죄로 우물 파기 3년 형의 처벌을 받을 거다. 어떻게 하는 것이 더 이득인 지 잘 계산해 보라고."

표범 경찰이 방에서 나가자 학은 고민에 빠졌다.

'아직 도둑질한 증거가 있는 건 아니니까, 끝까지 잡아떼면 통행금지를 어긴 벌로 벌금이나 받고 말겠지. 하지만⋯만약 옆 방에 있는 기린이 겁먹고 자백을 해버린다면? 기린이 자백했 는데 내가 자백하지 않으면 나만 우물 파기 3년의 더 무거운 처벌을 받게 될 거야.'

같은 시각, 옆방에 갇혀 있는 기린 역시 같은 고민을 하고 있었다.

'학이 자백한 경우와 자백하지 않은 경우를 모두 생각해봤 을 때, 내가 자백하지 않는 경우보다 자백하는 경우가 나에게 유리해. 하지만 학이 나를 믿고 자백하지 않았는데 내가 비겁 하게 자백한다면, 학 혼자 큰 처벌을 받고 말 거야. 아아, 이를 어쩌면 좋지.'

학과 기린은 깊은 갈등에 빠졌다. 둘 다 머리가 좋았기 때문 에, 어떻게 행동하는 것이 자신에게 가장 이익이 되는지 답을 알고 있었다. 어떤 경우든 자백하는 것이 무거운 처벌을 받을

joo han Kim by ß

위험을 피하고 유리한 결과를 얻을 수 있었다. 그러나 서로 옆 방에 있는 동료가 어떤 선택을 할지 전혀 알 수 없었기 때문에 그들은 섣불리 결정을 내릴 수 없었다.

표범은 학과 기린이 서로를 믿지 못하고 최대한 자신에게 안전한 쪽을 선택할 거라고 예상했다.

'그래, 가장 자신에게 안전한 선택, 바로 자백하는 것이지. 너희는 결국 둘 다 자백할 수밖에 없어!'

그러나 하루가 지나고, 이틀이 지나도 학과 기린은 자백하지 않았다. 표범은 경악했다. 당연히 자백하는 것이 가장 유리한 선택일 텐데!

표범은 한 가지 사실을 모르고 있었다. '의적'인 학과 기린은 둘 다 머리가 굉장히 좋을 뿐만 아니라, 작은 이익보다는 큰 이익을 추구하는 의로운 동물들이었던 것이다. 그들은 자신에게 가장 이로운 결정이 무엇인지가 아니라 그들 모두에게 가장 이로운 결정이 무엇인지 계산했다. 그것은 바로 학과 기린 둘 다 자백하지 않아서 도둑질에 대한 처벌을 전혀 받지 않는 것이었다.

둘 중 한 명이라도 옆방에 있는 상대를 믿지 못하고 자백해 버리면 얻어낼 수 없는 결과였지만, 학과 기린은 끝까지 서로를 믿었다. 상대방이 결코 자기 자신의 안전만을 위해 동료를 버리지 않을 거라고 믿었다.

결국 둘은 끝까지 자백하지 않았고, 학과 기린이 도둑질했다는 증거가 부족했던 표범은 학과 기린을 풀어줄 수밖에 없었다. 물론 통행금지령을 위반한 죄로 벌금 몇 만 원을 물어야 했지만, 학과 기린은 서로에 대한 믿음을 통해 도둑의 형벌을 면할 수 있었다.

서로에 대한 믿음은 양쪽 모두에게 현실적인 계산을 뛰어넘는 큰 이익을 낳을 수 있다.

## 신뢰는 서로를 살리는 관계의 바탕

공범으로 의심되는 두 명의 용의자를 따로 따로 수사실로 불러 자백할 기회를 준다. 둘 다 자백하지 않으면 1년 징역, 둘 다 자신의 죄를 자백하면 5년 징역, 둘 중 한 명이 자백하고, 다른 한 명은 자백하지 않는다면, 자백한 쪽은 석방, 자백하지 않은 쪽은 10년 징역에 처하게 된다고 하자. 이때 용의자들은 자백하는 것이 이득인지, 자백하지 않는 것이 이득인지 따져보게 된다. 게임이론의 대표적인 모델 중 하나인 '죄수의 딜레마'의 내용이다. 경제학에서 시작되었지만 정치, 행정, 경영, 심리, 국제관계 등 다양한 분야에 폭넓게 적용되는 논리 모형이다.

'죄수의 딜레마'는 이런 상황에서 심문받는 용의자들이 자백하는 것이 가장 합리적이고 유리한 선택이라고 설명한다. 독방에 갇힌 두 용의자는 서로를 믿기 어려울 것이고, 상대방이 자백하는 경우와 자백하지 않는 경우 모두를 비교해 자신에게 가장 유리한 결과를 얻어내는 것, 즉 리스크를 최소화하는 선택은 자백하는 것이다. 그런데 만약 한 명이 다른 용의자를 끝까지 믿고 자백하지 않았는데, 다른 용의자가 자백해 버린다면, 자백하지 않았던 용의자는 혼자 모든 죄를 뒤집어쓰는 최악의 결과를 맞이하게 된다.

'죄수의 딜레마'는 이런 경우 서로를 믿고 이상적인 선택을 한다는 가정을 배제한다. 자신의 이익을 위해 상대방이 감수할 피해는 생각하지 않는 이기적 인간상을 전제로 하는 것이다. 그러나 우리가 사는 실제 세상은 그렇지 않다. 모두가 자신의 이익을 최우선으로 계산하고 판단한다면 누구도 의도한 이익을 얻지 못하게 될 것이다. 학과 기린이 보여준 서로에 대한 믿음이 자신의 이익만을 추구하는 경우보다 더 나은 결과를 만들어냈다.

이처럼 공동체에서 믿음은 합리성을 뛰어넘을 만큼 중요한 역할을 한다. 신뢰는 더 나은 사회를 만드는 기반이다. 신뢰는 이해타산을 넘어 우리를 춤추게 한다.

# 10. 임금님 귀는 당나귀 귀

옛날 어느 대륙에 당나귀와 말, 그리고 노새가 함께 섞여 살아가는 '뮤'라는 동물 왕국이 있었다. 덩치는 작지만 머리가 좋고 몸이 튼튼한 당나귀, 몸집이 크고 온순한 말, 그리고 당나귀와 말의 장단점을 골고루 갖고 있는 노새는 서로 닮은 점과 다른 점을 알고 조화롭게 함께 살았다.

뮤 왕국의 왕실은 전통적으로 노새들로 이루어져 있었다. 신하들은 당나귀, 말, 노새가 골고루 섞여 있었지만, 가장 권력이 강한 왕과 그의 측근들은 언제나 주류 세력인 노새들이었다. 어느 날, 뮤 왕국에 새로운 왕이 즉위하였다. 물론 새 왕 역시 노새였다.

새로운 왕이 즉위하던 즈음, 뮤 왕국에는 심상치 않은 분위기가 감돌고 있었다. 왕국의 서로 다른 동물들이 각자의 사회를 만들어 독립해야 한다는 독립론과, 지금까지 함께 살아온 것처럼 앞으로도 공존해야 한다는 공존론이 대립하고 있었던 것이다. 왕국에 분열의 씨앗이 자라고 있는 시기에 왕이 된 노새왕이 어떤 생각을 가지고 있을지 모든 왕국의 동물과 신하들이 궁금해했다.

안타깝게도 노새왕은 독립론을 지지하고 있었다. 그는 뮤 왕국이 더 강하고 풍요로운 나라가 되기 위해서는 왕국에 꼭 필요한 동물만 남겨두어야만 발전할 수 있다고 믿었다. 어느 날, 왕은 신하들을 불러 모아 놓고 말했다.

"뮤 왕국의 왕실은 전통적으로 노새들이 지켜온 만큼, 우리 왕국의 정통성이 노새의 혈통이라는 사실을 부정할 수는 없을 것이오. 이제 우리 왕국은 서로 닮은 동물들끼리 더욱 결속하여 강한 왕국을 만들어야 할 것이다. 그러니 앞으로 뮤 왕국은 노새와 당나귀로만 이루어진 독립국가가 될 것이다!"

왕의 선언에 신하들은 술렁거렸다. 공존론을 지지하는 신하들은 왕에게 반발했다.

"어째서 노새와 당나귀만 함께 살고, 말은 독립해야 한단 말입니까? 당나귀와 말을 다르게 취급하는 그 이유가 도대체 무엇입니까?"

왕은 이렇게 대답했다.

joo han ,Kim by Yj

"노새와 당나귀는 질병에 잘 견디는 강인한 몸을 가지고 있고, 먹을 물이 부족하고 험한 바위산에서도 잘 적응할 수 있다. 또한 힘이 세고 지구력이 강해 물건을 나르는 일을 잘해 오랫동안 운송 산업으로 왕국을 번성하게 했지. 반면 말들은 끈기가 부족하고 성격이 부드러워 노새, 당나귀와 정반대가 아닌가. 노새와 당나귀는 서로 닮았지만, 말은 너무나도 다르다. 다른 동물과 계속 함께 살아가는 것보다는 각자의 왕국을 세워 살아가는 편이 서로에게 훨씬 낫지 않겠나? 왕인 나의 생각이 이러하니 그대들은 쓸데없는 소리 말고 왕실의 정책에 따르라!"

왕이 근엄한 말투로 반박하자 신하들은 섣불리 반대할 말을 떠올리지 못하고 입을 다물 수밖에 없었다. 그러자 신하들 중 이 모습을 잠자코 지켜보던 나이 많은 말이 왕의 앞으로 나섰다.

"왕이시여, 노새가 당나귀와 닮았기 때문에 두 동물만 함께 살 수 있다고 하시는 겁니까. 그렇게 따지면 노새는 당나귀보다 덩치가 큰 점은 오히려 말과 닮았습니다. 꼬리털은 또 어떻습니까? 당나귀의 방울 같은 털이 아닌, 멋들어지고 긴 꼬리털을 가진 동물은 바로 말과 노새입니다. 이렇게 말과 노새도 닮은 점이 많지 않습니까?"

왕은 늙은 신하에게 반박하였다.

"노새들이 덩치가 큰 것은 우리 경제가 좋아지고 먹을 것이 풍부해졌기 때문이며, 꼬리의 털은 운반이 주특기인 동물의 일반적인 특징이다. 결정적으로 노새들은 당나귀처럼 길고 잘생긴 귀를 가진 반면, 말은 짧고 뭉툭한 귀를 가지고 있지. 어딜 봐도 우리 왕실의 노새들은 당나귀와 더 닮지 않았느냐!"

왕은 늙은 신하의 말을 들으려 하지 않았다. 심지어 왕실의 노새들은 왕의 생각이 무조건 옳다며 아첨하였고, 다른 신하들도 왕의 눈 밖에 날까 봐 걱정하며 왕의 정책을 지지하기 시작하였다. 결국 왕실 안에는 왕에게 반대하는 목소리를 내는 동물은 거의 남지 않게 되었다.

게다가 노새왕은 왕실의 생각에 반대되는 주장을 하는 동물은 왕국을 혼란스럽게 하는 범죄자로 처벌하겠다는 법을 만들었다. 그러자 일반 백성들은 두려워하며 자기 생각을 자유롭게 말하지 못하게 되었고, 곧 뮤 왕국 안에서 반대의 목소리는 하나도 남김없이 사라지게 되었다. 이 모습을 지켜본 늙은 신하는 고개를 저으며 혼자 중얼거렸다.

"임금님 귀가 당나귀 귀를 닮았다고 임금님이 당나귀인 것은 아니랍니다…"

늙은 신하는 곧 뮤 왕국을 떠났다. 새로운 왕의 정책에 따라 뮤 왕국의 말들은 모두 왕국으로부터 쫓겨나, 말들로만 이루어진 새로운 나라를 세우기로 했다.

그로부터 몇 년 뒤, 노새왕의 생각과 달리 뮤 왕국은 점차 쇠퇴하기 시작하였다. 왕국을 구성하는 동물의 수가 줄어들고, 자손의 번식에 실패하면서 국력이 약해진 뮤 왕국은 결국 멸망하게 되었다. 노새왕은 몰랐던 것이다. 노새는 오로지 수컷 당나귀와 암말 사이에서만 태어날 수 있다는 것과, 스스로 자손을 낳을 수 없다는 사실을. 안타깝게도 귀를 닫아 버린 노새왕은 이런 중요한 사실을 알고 있는 현명한 동물들의 말을 듣지 못했다.

## 통찰력과 열린 자세는 리더의 필수 덕목

뮤 왕국의 왕실이 겸허하고 열린 자세로 반대 의견도 수용하거나 귀 기울이는 태도가 있었다면, 그리고 왕국에서 제기되는 중요한 주장들을 철저히 검증하려는 노력이 있었다면 왕국의 역사는 달라질 수 있었을 것이다. 노새, 당나귀, 그리고 말이 함께 살았기 때문에 왕실이 이어지고 왕국이 번성할 수 있었다는 중요한 사실을 알 수 있었을 것이다. 적어도 노새는 암말 없이는 번식할 수 없다는 사실만 알았더라도 왕은 잘못된 정책을 바로잡을 수 있었을 텐데. 그렇게 되었다면 암말 왕국과의 교류를 끊지 않아 뮤 왕국은 계속 역사를 이어갔을 것이다.

뮤 왕국의 비극은 4차 산업혁명의 시대, 지능 정보사회를 이루는 오늘날 우리의 아픔이기도 하다. 사람들은 원래 가지고 있던 생각이나 믿음을 확인하고 이에 집착하는 확증편향을 가지고 있다. 그리고 자신과 유사한 생각을 가진 사람들하고만 소통하면서 편향된 자신의 생각을 더 확신하게 된다. 이

른바 에코 챔버(Echo Chamber) 현상이다. 또한 인터넷이 사람들이 좋아하는 것만을 그 사람에게 더욱 제공하도록 알고리즘을 편집하여 정보를 제공한다면 자신의 편향된 사고에 집착하는 경향은 더욱 짙어질 것이다. 이런 식의 알고리즘 편집을 버블 필터(Bubble filter)라고 한다.

검색과 더불어 사색하라는 말이 있다. 우리 스스로 자신의 생각을 다른 쪽으로도 성찰하고, 비판에 귀 기울이며, 다른 사람의 의견에 열린 태도를 갖도록 노력해야 한다. 그렇지 않으면 우리 사회 역시 뮤 왕국의 전철을 밟지 않는다는 보장이 없다.

# 11. 숲속 지도자 선거의 비밀

숲속 동물 나라에는 다양한 동물이 살고 있다. 숲의 평화를 위해 노력하고 이웃 동물과 화합하는 선한 동물들이 있는 반면, 오로지 자기밖에 모르고 편을 갈라 다른 동물을 괴롭히는 악한 동물들도 있다.

마침 돌아오는 봄에 동물 나라의 지도자를 뽑는 선거가 다가왔다. 숲의 동물들은 모두 한 표씩 선거권이 있으며, 후보로 출마한 동물 중에 제일 많은 표를 받은 동물이 지도자로 선출된다.

지도자 선거에는 고양이와 너구리, 그리고 기린이 출마하였다. 세 후보는 숲의 광장에서 다른 동물들에게 각자 자신을 뽑아달라며 열심히 선거 운동에 한창이었다. 어린 손녀 수달도 할머니 수달과 함께 광장을 지나면서 그 광경을 보았다.

현재로서는 고양이의 인기가 가장 많고, 그 다음으로 기린이 많았으며, 반면 너구리는 별로 좋아하는 동물들이 없었다. 이 모습을 본 손녀 수달이 신기한듯 할머니 수달에게 말했다.

"할머니, 고양이 후보를 좋아하는 동물들이 많네요."

손녀 수달의 말에 할머니 수달이 말했다.

"그렇구나. 숲에는 악한 동물도 있고 선한 동물도 있는데, 그들은 각자 좋아하는 동물이 다르단다. 고양이는 악한 동물들도 좋아하고, 선한 동물들도 그를 별로 미워하지 않지. 그래서 얼핏 보면 인기가 가장 많아 보이지. 반면 너구리는 선한 동물이든 악한 동물이든 다들 별로 좋아하지 않아."

"그런데 기린은 선한 동물 대부분이 아주 좋아하지만 악한 동물은 기린을 미워한단다. 기린은 그동안 숲속에서 일어나는 좋은 일에는 앞장섰지만 잘못된 일에는 결코 동의하지 않았거든."

손녀 수달이 다시 물었다.

"그러면 선한 동물이든 악한 동물이든 모두 좋아하는 고양이가 지도자가 되겠네요. 그럼 모든 동물이 화목하게 지낼 수 있을까요?"

그러나 할머니 수달은 걱정스럽게 고개를 저으며 이렇게 대답했다.

"인기가 많다고 해서 꼭 좋은 지도자가 되지는 않는단다. 세상을 다스리는 데에는 옳고 그름을 구분하는 것이 중요할 때가 많아. 우리 숲의 동물들이 지혜롭다면 기린에게 투표해야 할 텐데… 보아 하니 이번에도 지혜로운 선택은 하지 못할 것 같구나. 안타까운 일이야!"

할머니 수달은 손녀 수달의 손을 잡고 광장을 빠져나갔다. 광장에는 기린을 지지하는 착한 동물들의 목소리와, 그보다 더 큰 목소리로 고양이를 지지하는 여러 동물의 목소리가 뒤섞여 울려 퍼지고 있었다.

joo han ,Kim by B

## 인기 있다고 훌륭한 지도자가 되는 것은 아니다

우화 속에 나오는 할머니 수달은 왜 고양이가 아니라 기린이 당선되어야 한다고 한 것일까? 논어에 이와 같은 물음에 대한 답이 있다. 앞에서 본 고양이처럼 악한 동물이 좋아하고 선한 동물들도 그를 미워하지 않는다면, 그는 일을 추진함에 있어서 인기에 영합하려는 경향을 보일 것이다. 너구리의 경우처럼 선한 동물들은 별로 좋아하지 않고, 악한 동물들도 미워하는 경우가 많다면 그는 살아오면서 숲에 이득이 될 만한 일을 한 적이 없음을 증명하는 것이다.

반면에 기린의 경우처럼 선한 동물들이 좋아하고, 악한 동물들은 싫어하는 지도자는 비록 반대파의 공격을 감수하더라도 자신보다는 숲을 위해 필요한 일을 해나갈 것이다. 논어의 자로편(子路篇)에는 이렇게 쓰고 있다. "모두가 좋아하고, 싫어하는 사람은 마을 사람 가운데에서 좋은 사람들이 좋아하고, 선하지 않은 사람들이 싫어하는 사람만 못하다." 즉, 너구리는 물론이고, 고양이도 앞서 말한 '악한 동물'일 가능성이 높은 것이다.

  과연 숲의 동물들은 다가오는 선거에서 어느 동물을 지도
자로 선택할까? 이제 숲은 그들의 운명을 스스로 결정하여야
한다. 교육은 이런 숲의 지도자 뽑기에서 결정적으로 중요한
역할을 한다. 교육을 통해 선악의 구분, 즉 공익을 위한 행동
과 오로지 자기 사사로운 이익만을 추구하는 행동이 무엇인
지, 그리고 그 기준이 어떠한지를 알려주고, 스스로 판단할 수
있도록 만들어 준다. 이런 교육이 제대로 이루어져 왔다면 숲
의 선거는 기린의 승리로 끝날 가능성이 높을 것이다. 우리는
기린이 숲의 선거에서 당선되기를 염원한다!

## 12. 철학자와 바둑돌

어느 마을에 철학자가 한 명 살고 있었다. 조용한 삶을 사랑하는 그 철학자는 다른 사람과의 다툼이나 스트레스를 피해 마을에서 가장 한적한 교외에 혼자 살았다. 철학자는 매일 아침 자신이 기르는 고양이를 무릎에 앉히고 허브차를 마시며 조용히 사색하는 것을 삶의 가장 큰 행복으로 여겼다.

그러다 생각이 정리되지 않으면 혼자 바둑을 두었다. 바둑판 위에 바둑알이 여러 형태를 그리며 배열된 모습을 바라보면 마치 우주의 조화를 보는 느낌이 들었다.

어느 날, 다른 나라에서 온 종교인들이 자신들의 신앙을 전파하기 위해 철학자가 사는 마을을 방문했다. 종교나 신에 대해서는 전혀 알지 못하던 마을 사람들에게 종교인들의 이야기는 아주 매력적이고 흥미롭게 다가왔다. 어느새 마을에 새로운 종교가 퍼지기 시작했다. 그러나 새로운 사상을 받아들이지 못하는 마을 주민들도 많았다. 그들은 종교를 미신이라고 생각하고 신의 존재도 믿지 않았다.

당연히 종교를 믿는 다른 마을 사람들과 갈등이 벌어졌다. 신앙을 가진 마을 사람들과 그렇지 않은 사람들, 신의 존재를 믿는 사람들과 믿지 않는 사람들 간에 편을 갈라 싸우기 시작했다. 마을의 광장은 언제나 토론과 언쟁으로 시끄러웠고, 점차 마을 사람들끼리 사이도 나빠졌다.

일부 극성스러운 사람들이 앞장서서 신을 믿는지 안 믿는지 마을 사람들에게 물어보며 서로 자기 편인지 아닌지 확인하자, 대다수의 마을 사람들도 그들을 따라 아군과 적군을 구별하기 시작했다.

"자네는 신을 믿지 않는다고? 이제 자네하고는 말이 안 통하겠구만. 미안하지만 난 이제 무식하고 배울 줄 모르는 사람은 상대하지 않아."

"누가 할 소릴! 그런 미신 따위를 믿다니, 당신들이야말로 마을을 망치는 주범이지. 마을에서 썩 나가!"

이런 식으로 자신들과 같은 생각이면 같은 편으로 끌어들이고, 생각이 다르면 철저하게 배척하기 시작했다. 마을의 분위기가 험악하게 변하면서 온 마을 사람들은 좋든 싫든 이 종교분쟁에 참여할 수밖에 없었다.

머지않아 극성 주민들이 마을 외곽에 혼자 사는 철학자의 집에도 들이닥쳤다. 마을에서 가장 지성인으로 대우받는 철학자가 어떤 입장을 취하고 있는지 너무나도 궁금했던 것이다. 철학자의 집에 찾아간 마을 사람들 중 신을 믿는 집단의 대표가 먼저 나서서 말했다.

"존경하는 철학자님! 저 무지한 사람들이 신의 존재를 믿지 않고, 그 가르침이 얼마나 소중한지 모르고 있습니다. 철학자님께서는 신을 믿으시지요? 부디 저 자들에게 올바른 가르침을 주십시오."

그러자 신을 믿지 않는 집단의 대표도 질세라 이렇게 말을 이었다.

"철학자님, 이 자들이야말로 비합리적인 미신에 빠져 현실을 내팽개친 바보들입니다. 논리적이고 똑똑하신 철학자님이라면 신과 종교가 얼마나 허황된 것인지 분명히 말씀해 주실 수 있지요?"

바둑에 집중하고 있던 철학자는 이 모든 상황이 견딜 수 없이 짜증스러웠다.

'이 자들은 정말로 나를 존경하기 때문에 나의 생각이 궁금해서 나를 찾아온 게 아니다. 그저 내가 누구 편을 드느냐에

jaa han Kim by Y.

따라 나를 이용하려 드는 게지. 어느 쪽이든 자신들 편을 들지 않으면 나 역시 무식한 사람이라고 깎아내릴 게 틀림없다.'

철학자는 마을 사람들을 향해 이렇게 대답했다.

"신이 존재하는지 안 하는지 나는 모르겠습니다. 그리고 그건 내게 전혀 중요한 문제가 아닙니다. 난 만약 신이 있다면, 언제나 신이 날 내려다보고 있다고 생각하고 올바르게 살아갈 뿐입니다."

철학자의 대답은 신의 존재를 인정하는 것도 부정하는 것도 아니었다. 동시에 종교적인 삶의 가치도 긍정하면서 마을 사람들 중 어느 한쪽이 맞거나 틀렸다고 단정 짓지 않았다. 철학자의 지혜로운 말에 대부분의 마을 사람들은 발길을 돌렸다. 일부 극성인 사람들은 어느 입장인지 확실히 하라며 끝까지 버텼지만, 철학자가 더 이상 어떤 말도 하지 않자 결국 단념하고 돌아갔다.

자신을 무의미한 싸움의 장으로 끌어들이려는 군중들을 물리친 철학자는 내심 매우 만족스러웠다. 그는 다시 낮잠 자는 고양이를 쓰다듬고 허브차를 홀짝이며 조용한 사색의 시간에 빠져들었다. 하지만 그도 알지 못했다. 이번 일이 오래 계속될 격한 분쟁의 시작에 불과하다는 사실을.

며칠 뒤, 또다시 철학자의 집에 한 무리의 사람들이 찾아왔다. 그들은 자신을 '동물의 행복을 위해 행동하는 연대'라고 소개하며 철학자가 기르는 고양이를 야생에 풀어주고 자유를 줄 생각이 없느냐고 물었다. 철학자는 황당한 소리를 한다고 생각했다. 철학자가 그들을 무시하자, 그들은 마을에 돌아가 "철학자는 그의 고양이에게서 자유를 빼앗은 잔인한 고양이 학대범"이라고 퍼트리고 다녔다. 그 때문에 철학자는 한동안 자신은 고양이를 학대한 적이 없다고 해명하고 다녀야 했다.

그 뒤로도 끊임없이 다양한 생각을 가진 사람들이 철학자를 찾아와 '자신의 생각에 동의하는지'를 확인하기 위해 질문했다. 그때마다 철학자는 '허브차를 매일 즐겨 마시면서 허브 농장 노동자의 인권을 생각하지 않느냐?'는 질문이나, '노인들이 젊은이들의 부양을 받는 것이 당연한 거냐?'는 등의 질문에 어떻게 대답해야 좋을지 고민해야 했다.

그러던 어느 날, 결국 마을이 완전히 두 쪽으로 갈라져 서로 다른 생각을 가진 사람들끼리 크게 싸움이 벌어졌고, 싸움에서 밀린 사람들은 아예 마을에서 내쫓기기에 이르렀다. 완벽하게 분열된 마을을 지켜보며 철학자는 깊은 한숨을 쉬었다. 싸움에서 이긴 마을 사람들의 리더가 자신의 지지자들을 이끌고 철학자의 집에 들이닥쳤다. 리더는 마치 최후통첩을

joo han Kim by Y.

하듯 철학자에게 말했다.

"잘못된 생각을 가진 자들은 이제 우리 마을에 필요 없습니다. 선생도 입장을 명확히 해주시길 바랍니다."

철학자는 눈을 감고 고민하더니 대답했다.

"…바둑을 둬본 적 있습니까?"

리더는 뜬금없이 무슨 바둑 이야기인지 의아했다. 리더가 몇 번 해본 적 있다고 대답하자 철학자가 말했다.

"바둑에는 흑돌과 백돌이 있지요. 흑돌이든 백돌이든 어느 한 쪽이 없다면 바둑은 시작될 수가 없지요. 바둑판 위에 흑돌만 올라가 있어도 아무 의미 없다 이 말이오."

철학자의 수수께끼 같은 말에 영문을 모르겠다는 표정을 짓는 리더와 마을 사람들에게 철학자는 다음 날까지 대답을 신중히 고민할 테니 다시 찾아오라는 말을 남기고 집 안으로 들어갔다.

다음 날 아침이 밝자 리더와 마을 사람들이 다시 철학자의 집을 찾아갔다. 그러나 철학자의 집은 텅텅 비어 있었다. 철학자도 그의 고양이도 보이지 않았다. 철학자는 집 대문에 쪽지 하나만 붙여놓고 마을을 떠나버렸다.

'어리석은 흑돌들에게 남김-누구도 바둑판 위의 흑돌이 옳고 백돌이 틀리다고 말하지 않는다.'

## 갈등과 혐오의 시대에 필요한 지혜

우리는 뿌리 깊은 갈등과 혐오의 시대에 살고 있다. 근대화가 이루어지면서 신분제가 철폐되었고, 헌법에는 어떠한 형태의 사회적 계급의 창설 및 그로 인한 차별을 일체 금지한다는 조항이 규정되어 있다. 그럼에도 불구하고 여전히 우리 사회 곳곳에서 사람의 계급과 지위를 따지는 갈등이 계속되어 왔다.

이제는 오래전부터 이어져 온 경제적, 사회적 계층 간 갈등에 더해 집단 간에 심각한 여러 가지 갈등이 사회를 병들게 만들고 있다. 최근 우리 사회를 뜨겁게 달군 젠더 갈등도 그중 하나의 예이다. 세대 간의 갈등도 과거보다 격해지고 있고, 노사 갈등은 말할 것도 없다. 우리 사회의 갈등 조정기능이 무력화 되며 이런 여러 갈등은 계속 악화일로를 걷고 있다.

더 심각한 일은 이런 사회적인 갈등과 이슈가 정치권의 이념, 계파 갈등과 엮이면서 국민적 갈등으로 복잡해지고 심화되고 있는 것이다. 온 국민이 너나 할 것 없이 어떠한 형태로

든 특정한 갈등의 소용돌이 속에 있다고 해도 지나친 말이 아니다.

갈등은 논쟁과 토론을 통해 사회의 병든 부분을 찾아내 해소함으로써 더욱 성숙한 사회로 발전하기 위해 필요한 과정일 수 있다. 그러나 갈등의 정도가 지나치면 오히려 사회를 병들게 만들어, 돌이킬 수 없는 사회적 분열을 초래한다. 우리 사회의 갈등은 서로를 배척하고 수단과 방법을 가리지 않고 쓰러트리는 단계에 이르렀다. 다른 생각을 가진 사람들끼리 합의점을 찾아가기보다는 상대를 '내가 존립하기 위해서, 또는 자신들이 생각하는 정의를 세우기 위해서 제거해야만 하는 적'이라고 인식한다.

시민들이 서로의 생각을 검증하고 표현을 억압하는 세상이 된 것이다. 나와 다른 견해를 가진 개인을 집단적으로 공격하거나 특정 이슈에 대한 개인의 입장을 밝힐 것을 집단적으로 요구하는 일이 이미 비일비재하다. 민주화를 통해 얻은 자유로 민주사회의 시민들이 스스로 서로의 자유를 제한하려 드는 것이다.

이야기 속에서 대중은 계속해서 철학자라는 개인의 사상을 검증하고 통제하려고 든다. 그리고 결국에는 갈등이 지나쳐 하나의 집단이 다른 집단을 마을에서 완전히 쫓아내기에 이른다.

철학자는 그런 마을 사람들을 바둑판 위의 흑돌과 백돌에 빗대 비판하였다. 바둑이 성립되기 위해서는 백돌과 흑돌이 모두 필요하다. 백돌 없이 흑돌 만으로는 바둑 자체가 시작될 수 없으며, 흑돌의 존재 의의도 사라질 것이다. 우리 스스로 이런 실수를 범하고 있지는 않는지 위기의식을 가지고 반성해 보아야 할 때이다.

# 13. 믿음을 심어 부자가 된 곰 제사장

어느 동물 왕국에 똑똑한 곰 제사장이 살고 있었다. 곰 제사장은 왕국의 보름달을 모시는 '달의 신전'에서 가난하고 어려운 동물들에게 음식과 잘 곳을 제공하며 왕국의 동물들을 위해 봉사하면서 살았다. 곰 제사장의 정직함과 헌신 덕분에 왕국 동물들은 달의 신전을 왕국에서 가장 믿을 만한 곳이라고 여겼다.

어느 날 왕국에서 제일 부자인 사자가 곰 제사장을 찾아와 말했다.

"내가 곧 먼 나라로 여행을 떠날 계획인데, 그동안 나의 소중한 금을 맡아주시오. 달의 신전과 곰 제사장이라면 믿고 내 금을 맡길 수 있소."

곰 제사장은 기쁜 속마음을 감추며 "이것은 대단히 어려운

일입니다만 기꺼이 맡아드리겠습니다."라고 대답하였다. 사자는 5,000개의 금덩이를 달의 신전에 옮겨놓고 곰 제사장으로부터 금 보관 증서를 받아 돌아갔다.

며칠 뒤, 사자가 여행을 떠나자 영리한 곰 제사장은 다른 성직자 곰들에게 "지금 바로 시내의 상인들에게 가서 우리가 금을 빌려준다고 말하게."라고 하였다. 곧 달의 신전에서 금을 빌려준다는 소식을 듣고 한 낙타 상인이 금을 빌리러 신전을 찾아왔다. 낙타 상인은 100개의 금덩이를 빌리기로 하고, 곰 제사장에게 말했다.

"저에게는 이 많은 금을 보관할 장소가 없으니 제사장님께서 대신 맡아주십시오. 대신 제게는 언제라도 필요할 때 100개의 금을 사용할 수 있다는 증서를 주시면 됩니다."

그렇게 낙타 상인은 100개의 금을 빌렸다는 증서를 받고, 갚을 때에는 빌려간 금과 함께 약간의 금을 더 갚을 것을 약속하고 돌아갔다. 이튿날, 다른 동물 상인들도 달의 신전을 찾아와 똑같이 금을 빌리고 증서를 받아갔다.

그 후 며칠 동안 여러 명의 상인이 금을 빌려 갔지만, 여전히 곰 제사장은 사자의 금을 그대로 보관하고 있었다. 동료 곰 성직자가 곰 제사장에게 물었다.

"사자의 금을 이렇게 막 빌려줘도 괜찮을까요? 또 상인들이 한꺼번에 맡겨둔 금을 찾으러 오면 어쩌죠?"

영리한 곰 제사장은 웃으며 대답하였다.

"상인들은 내가 얼마나 많은 금을 가지고 있는지 알지 못하고 상관하지도 않을 거야. 그들은 언제든 자신들이 필요한 만큼의 금을 찾아갈 수 있다는 믿음이 있으면 되거든. 우리 신전이 왕국 동물들에게 얻는 신뢰 덕분에 사자가 여행에서 돌아올 때쯤이면 우리는 왕국 제일의 부자가 될 거야!"

그렇게 금을 빌려 간 상인들로부터 이자를 받아 금을 늘려 간 곰 제사장은 원래 사자가 맡겨둔 5,000개의 금보다 훨씬 많은 금을 갖게 되었다. 몇 년이 지나 곰 제사장은 달의 신전의 이름을 왕국제일은행으로 바꾸었다. 곰 제사장이 왕국 제일의 부자가 되는 순간이었다.

물론 곰 제사장과 달의 신전은 동물 왕국의 가난하고 어려운 동물들에게 음식과 잘 곳을 과거보다 더 풍족하게 제공할 수 있었다.

joo han Kim by Y3

## 신용이라는 이름의 마법

곰 제사장은 꾸준히 쌓아온 신뢰를 물질적 성공의 발판으로 삼았다. 눈에 보이지 않는 재물을 오로지 믿음만으로 주고받는 신용거래는 은행 제도로부터 시작해 오늘날 우리 사회를 움직이도록 하는 금융 시스템의 대전제가 되었다. 이야기 속 곰 제사장이 찾아낸 이 시스템은 그야말로 무형의 자산인 신용을 밑천으로 무에서 유를 창조하는 것이 가능한 마법이라고 할 수 있다.

신용거래가 통용되는 오늘날, 세상 사람들로부터 신뢰를 받는다는 것은 정말 중요한 자본이다. 사업을 추진하기 위해 자본이 필요한 사업가는 물론이거니와 특히 일반 국민을 상대로 공적인 일을 하는 사람 역시 신뢰는 그 자체로 재산이자 담보가 된다.

그런데 신용이 화폐가 된 이 세상에서 사회적으로 신뢰받는 일이야말로 단순히 돈을 버는 일보다 훨씬 더 어렵다. 여러 경험이 쌓여 사람들의 마음속에 깊이 남아야 비로소 신뢰가 생기는 것이다.

우리는 자신의 이익을 위해서도 다른 사람들에게 신뢰를 얻어야 하는 세상을 살아가고 있다. 비록 그 동기가 사익을 위한 것이라 해도 신뢰를 쌓으려는 노력은 분명 세상을 조금씩 풍족하게 만들어 줄 것이다.

# 14. 원형 동물 아파트의 비밀

얼마 전 동물 왕국의 왕이 된 불곰왕은 깊은 고민에 빠졌다. 동물 왕국은 지난 세월 동안 눈부신 발전을 이루어 경제적으로 크게 부유해졌다. 그러자 일반 동물들도 자유롭게 자기 생각을 말하고 정부를 비판할 수 있는 환경이 만들어지고 있었다. 불곰왕도 그러한 비판을 피할 수 없었다. 불곰왕은 일반 동물들이 왕국의 왕인 자신을 계속 자유롭게 비판하도록 놔두면 언젠가 자신의 왕권을 빼앗길지도 모른다는 두려움에 사로잡혀 있었다.

어느 날, 고민에 빠져 있는 불곰왕에게 신하 두더지가 기발한 아이디어를 내놓았다.

"왕이시여, 저에게 맡겨 주시면 당신의 걱정을 없애 드리겠습니다."

불곰왕은 의아해하며 두더지에게 물었다.

"자네가 무슨 수로?"

그러자 두더지는 의미심장하게 웃으며 대답하였다.

"저에게 왕국의 모든 동물이 모여 살 수 있을 정도로 거대한 아파트를 지을 수 있는 예산과 권한을 맡겨 주십시오. 그러면 우리 왕국에 폐하를 비판하는 동물은 하나도 남김없이 사라지게 될 것입니다."

불곰왕은 똑똑한 두더지를 믿고 일을 맡겼다. 그날부터 두더지는 왕국의 모든 동물이 함께 모여 살 수 있을 만큼 거대한 둥근 원형 아파트를 짓고, 왕국의 동물들에게는 아주 헐값에 아파트로 이주할 수 있다고 홍보하기 시작했다. 몇 개월 뒤, 왕국의 모든 동물은 두더지가 새로 지은 거대한 원형 아파트에 입주하여 살게 되었다.

또한 두더지는 원형 아파트의 중앙에 큰 탑을 세웠다. 그리고 왕을 보좌하는 왕궁의 핵심 동물들을 이 중앙 탑에서 일하게 하였다.

그런데 일반 동물이 거주하는 원형 아파트는 아주 밝아 중앙 탑에서 그 안을 훤히 들여다볼 수 있었다. 반면에 중앙 탑은 어두운 유리로 되어 있어 바깥에서 안을 들여다볼 수 없게 되어 있었다. 그래서 중앙에 있는 왕궁 동물들만 쉽게 왕

joo han Kim by Y

국의 일반 동물들을 볼 수 있고, 반면에 원형 아파트에 거주하는 일반 동물들은 왕궁 동물들을 전혀 볼 수 없었다.

왕궁 동물들은 중앙에 있는 탑에서 모습을 드러내지 않은 채 원형 아파트에 거주하는 동물들의 일거수일투족을 훤히 알게 되었다. 어느새 일반 동물들은 자신이 항상 감시받고 있다는 불안감에 시달리기 시작했고, 자신의 말과 행동을 조심하기 시작했다.

두더지의 아이디어는 적중했다. 왕국의 동물들은 더이상 불곰왕을 비판하지 않았다.

## 불의에 맞서 행동하는 시민정신이 필요하다

이 우화는 미셸 푸코(Michel Foucault)의 책 『감시와 처벌』에 나오는 제레미 벤담(Jeremy Bentham)의 원형감옥을 소재로 삼은 것이다. 지금은 국가는 물론이고 국가와 기업도 손쉽게 개인을 감시하는 체계를 갖출 수 있게 되었다. 소비자 데이터 베이스, 스마트폰, 신용카드, 컴퓨터, CCTV, GPS가 부착된 각종 기기, QR 코드 등이 우리 생활의 중심에 자리 잡았고, 여기에 디지털의 흔적이 남으면서 우리는 자신도 모르게 감시당할 수 있게 된 것이다.

예를 들어 수백 개의 방범용 CCTV가 24시간 행인을 관찰하는 지역도 있고, 휴대전화는 언제든지 위치 추적이 가능하다. 지금처럼 개인과 관련된 모든 정보가 쌓이는 빅 데이터 시대에서는 앵커링(anchoring)을 통해 여러 이질적인 정보를 모아 한 개인을 파악하는 일이 가능해졌다.

물론 지능정보 사회에서 인터넷으로 널리 퍼져 있는 다수를 서로 연결하여 다수의 시민들에게 소수의 기업과 국가를 상호 감시하게 할 수도 있다. 이처럼 다수의 시민이 소수의 감시자들을 감시하는 시놉티콘(Synopticon)은 노르웨이의 범죄 사회학자 토마스 매티슨(Thomas Mathiesen)이 제기한 개념이다. 예를 들어 갑질 횡포를 인터넷에 공개하거나, 국가의 비합리적 정책이나 행위를 SNS를 통해 공개하고 여론에 호소하는 것 등이 이런 행위에 속한다.

1991년 미국에서 로드니 킹이란 흑인 남성이 과속으로 적발된 뒤 교통경찰 4명으로부터 집중 구타를 당했고, 이에 분노한 흑인 시민들이 집단으로 들고일어나 로스앤젤레스 폭동으로 이어졌다. 당시 한 시민이 경찰의 로드니 킹 구타 장면을 카메라로 찍고, 죄를 그에게 뒤집어씌우려는 경찰의 대화를 녹음한 것도 이런 상호 감시의 좋은 예이다.

그런데 이러한 상호 감시가 제대로 이루어지기 위해서는 몇 가지 전제조건이 필요하다. 우선 시민들의 비판의식, 그리고 불의에 맞서 행동으로 나서려는 태도가 있어야 한다. 익명성에 대한 보장도 중요한데, 익명이 보장되지 않으면 개인이 나서서 국가를 상대로 감시자의 역할을 하기가 어렵기 때문이다.

정보 윤리의 확립도 중요하다. 특히 프라이버시의 권리는 많은 생각을 하게 한다. 오늘날 젊은이들은 화상 채팅과 페이스북, 인스타그램 등에서 자신의 사진을 올리고 사생활을 공개하는 것을 별로 개의치 않는다. 이제는 프라이버시가 단순히 침해 없이 자유롭게 혼자 있을 권리에서 개인 정보에 대한 자기 결정권이라는 관점으로 한발 더 나아간 것으로 볼 수 있다.

시민들이 자신은 그저 세상을 지켜볼 수밖에 없는 목격자에 불과하다고 생각하는 순간 원형 감옥의 감시망 안으로 걸어 들어가는 것이 된다. 이는 권력자가 통제하는 대로 생각하고, 자기 스스로 창조적, 생산적 존재이기를 포기하는 것이다.

# 15. 아궁이가 된 곰 대왕

곰 대왕이 다스리는 숲속 동물나라에는 오래전부터 내려오는 전통이 있었다. 그것은 바로 왕이 가장 아끼는 신하에게 숲의 살림을 맡기고 왕 대신 일을 처리하도록 하는 제도였다. 곰 대왕은 신하들 가운데서 여우를 가장 총애하였다. 곰 대왕은 여우에게 숲의 살림살이를 맡기고 자기 대신 모든 일을 처리하도록 했다. 여우는 곰 대왕의 비위를 잘 맞추며 조금씩 숲을 자기 마음대로 바꾸어갔다.

시간이 지나면서 숲은 여우의 취향대로 변해 갔고, 숲에 사는 많은 동물이 여우의 취향에 맞추느라 살림에 큰 어려움을 겪게 되었다. 결국 숲의 동물들은 불만을 터트리기 시작했다.

"숲의 모든 것이 여우 마음대로 바뀌고 있어! 우리 대왕님이 곰인지 여우인지 모르겠네!"

joo han Kim by B

그런 이야기는 곰 대왕의 귀에도 들어갔다. 곰 대왕은 괘씸한 생각에 여우를 즉시 해고하였다. 대신 숲에서 지혜롭다고 소문난 늑대를 그 자리에 앉혀 자기 대신 숲의 살림살이를 모두 처리하도록 했다. 늑대는 여우가 이것저것 바꿔놓은 숲을 다시 원래대로 돌려놓으며 동물들의 불만을 해결해 주었다.

그러나 시간이 지나면서 늑대 역시 조금씩 자기 취향대로 숲의 일을 처리하기 시작했다. 여우의 입맛대로 바뀌었던 숲이 이제는 늑대의 입맛대로 바뀌기 시작했다. 숲의 동물들은 다시 불만을 터트리기 시작했다.

"여우가 가더니 이제는 늑대가 왔네! 우리 대왕님이 이번엔 늑대로 바뀌었나 보구만!"

어느 날 숲에서 가장 나이 많은 원숭이 현자가 곰 대왕을 찾아와 말했다.

"대왕이시여! 어젯밤 제 꿈에 장작불이 타고 있는 작은 아궁이를 보았습니다. 그런데 아궁이 꿈을 꾸고 나니 오늘 이렇게 대왕님을 만나게 되었군요!"

곰 대왕은 화가 나서 원숭이 현자에게 따져 물었다.

"저 하늘에 빛나는 태양도 아니고, 고작 별것 아닌 아궁이 꿈을 꾸고 나를 만났다고 하는 거냐! 감히 숲의 대왕인 나를 놀리는 것이냐!"

joo han Kim by ぴ

그러자 원숭이 현자는 불같이 화를 내는 곰 대왕의 모습에 아랑곳하지 않고 태연한 표정으로 대답했다.

"태양은 온 세상을 비추기 때문에 숲속의 어떤 나무나 동물도 태양 빛을 가리거나 피할 수 없지요. 하지만 아궁이는 그 속에 장작불이 타고 있어도 동물 하나가 그 앞을 가로막고 서 있으면 다른 동물들은 그 불빛을 쬘 수 없지요. 제가 아궁이 꿈을 꾸고 대왕님을 만났으니 대왕님께서는 아궁이 왕이 아니신지요?"

원숭이의 말을 듣고 그제서야 곰 대왕은 무엇을 바꾸어야 하는지 깨달았다. 곰 대왕은 늑대를 해고하고, 숲의 일을 여러 동물의 의견을 들어가면서 자신이 직접 살피기 시작했다. 곰 대왕이 직접 숲을 다스리기 시작하자 다시 예전의 숲의 모습으로 되돌아갔다. 여우나 늑대의 취향대로 처리되었던 일을 곰 대왕이 직접 공평하게 처리하면서 숲의 살림은 다시 평화로워졌다.

## 틀을 바꾸는 발상의 전환이 필요하다

기존에 고수해 오던 제도나 습관, 또는 기존의 틀에 얽매여 일하다 보면 결코 현재보다 상황을 나아지게 할 수 없다. 당장은 앞에 놓인 문제가 해결되는 것처럼 보이지만 결국은 기존의 틀이 지닌 방식대로 되돌아가고 마는 것이다. 그러면 결국 같은 문제가 반복된다.

개인이든 사회든 진정한 혁신과 발전을 이루기 위해서는 큰 틀에서 제도를 바꾸어야 한다. 교육도 마찬가지이다. 학교 제도나 교육 현장의 틀은 그대로 둔 채 지엽적인 요소를 아무리 바꾸어도 오래 누적되어 온 입시제도의 폐해는 근본적으로 없어지지 않는다. 진정한 변화를 위해 틀을 허무는 과감한 혁신이 필요할 때가 있다.

곰 대왕이 자신과 국민을 중간에서 매개하는 다른 동물을 통해 왕국을 통치하는 간접통치 방식을 그대로 고수하는 한 매개동물에 의한 통치가 가져오는 폐해는 그대로 반복되었다. 숲속 동물들은 "여우가 가더니 이제는 늑대가 왔네! 우리 대왕님이 이번엔 늑대로 바뀌었나 보구만!"이라고 한탄했다. 결국 원숭이 현자의 말을 듣고 곰 대왕이 숲의 일을 자신이 직접 처리하는 직접통치 방식으로 바꾸고서야 숲은 안정을 되찾았다.

틀을 바꾸는 발상의 전환으로 인류는 역사상 어려운 시기를 극복하고 새로운 시대를 열었다. 기계의 발명과 산업혁명으로 대량생산이 가능한 시대가 되자 인류는 실직과 환경오염, 불평등 같은 커다란 문제에 직면하였다. 시장에서 낙오될 수 있는 사람들을 보호하는 복지제도를 만들고, 조세제도를 고치는 등 새로운 제도를 도입하고 나서야 그런 문제에 어느 정도 대응할 수 있었다.

어쩌면 4차 산업혁명이라 불리는 지능정보 통신혁명과 더불어, 코비드-19 팬데믹이 몰고 온 실업과 불평등을 비롯한 각종 어려움을 해결하기 위해서도 틀을 바꾸는 발상의 전환이 필요할 수 있을 것이다. 교육과 경제, 복지를 비롯한 여러 분야에서 발상의 전환이 필요해 보인다.

# 16. 내일을 본 큰아들 사자

어느 초원 마을에 많은 재산과 막강한 힘을 가진 사자 집안에 아버지 사자와 두 명의 아들 사자가 살고 있었다. 어느 날 이웃 숲속 마을에서 넓은 초원으로 도망쳐 나온 불쌍한 토끼들을 아버지 사자가 발견하였다. 숲속 마을의 호랑이 집안에서 일하던 토끼들이었는데, 호랑이들이 못살게 굴자 견디다 못해 몰래 도망쳐서 사자 집안의 마을까지 오게 된 것이었다.

아버지 사자는 토끼들을 데려와 그들에게 사자 집안의 밭일을 맡겼다. 토끼들은 자신들을 거둬준 사자 집안에 고마워하며 열심히 일했다. 세월이 흘러 나이가 든 아버지 사자가 큰아들 사자를 불러 말했다.

"아들아, 나는 이제 병들고 나이도 많아 오래 살지 못할 것

joo han Kim by B

같다. 네가 내 뒤를 이어 이 집안을 잘 이끌어라. 그리고 내가 죽으면 그동안 열심히 일한 토끼들을 풀어주고 자유롭게 해주 도록 해라."

큰아들 사자가 대답했다.

"예, 아버지. 반드시 그렇게 하겠습니다."

그 후 몇 개월이 지나 아버지 사자의 병은 점점 깊어지고, 세상을 떠날 날을 기다리고 있었다. 그런데 죽음이 다가오자 아버지 사자는 내심 불안해졌다.

'내가 죽고 나면 우리 사자 집안이 약해진 틈을 타서 호랑 이 집안이 쳐들어올지도 모른다. 만약 내가 죽고 나서 토끼들 이 다시 숲속 마을의 호랑이 집안으로 돌아가면 어쩌지? 그렇 게 되면 호랑이 집안은 더욱 강해질 텐데…'

결국 아버지 사자는 큰아들 사자를 불러 다시 이렇게 명령 했다.

"다시 생각해 보니 토끼들을 풀어주면 안 되겠다. 아들아, 토끼들에게는 미안하지만 호랑이 집안에서 토끼들을 데려가 기 전에 차라리 토끼들을 모두 죽이거라."

큰아들 사자는 당황하며 대답했다.

"하지만 우리를 위해 열심히 일한 토끼들을 죽이는 건 너무 가혹합니다. 지난번에 아버지께서도 토끼들에게 자유를 주라고 하지 않으셨습니까?"

아버지 사자는 한 번 더 엄하게 말했다.

"우리 사자 집안을 위해서는 어쩔 수 없다. 토끼들을 모두 죽여야 한다."

큰아들 사자는 깊은 고민에 빠졌다. 아버지 사자의 명을 어기면 동생 사자가 아버지의 뒤를 이을 것이고, 아버지 사자가 세상을 떠나고 나면 집안에서 쫓겨날지도 모른다는 생각이 들었다. 집안에서 쫓겨나면 큰아들 사자는 갈 곳 없이 떠도는 신세가 될 것이다.

'하지만 그렇다고 우리를 위해 일한 토끼들을 비정하게 죽이라니! 이게 과연 올바른 일일까?'

오랜 고민 끝에 큰아들 사자는 마침내 그동안 열심히 일했던 토끼들을 살려주는 것이 올바른 일이라는 결론을 내렸다. 자신이 집안에서 쫓겨나게 되더라도, 그때는 다른 숲에 가서 열심히 노력해 자신의 힘을 기르는 것이 도리라 생각하였다.

얼마 뒤 아버지 사자가 세상을 떠나자, 큰아들 사자는 아버지 사자의 명을 어기고 토끼들을 자유롭게 풀어주었다. 자유를 얻은 토끼들은 원래 자신들이 살던 토끼 마을로 돌아가 큰아들 사자의 고마움을 마을 토끼들에게 두루 알렸다.

그런데 아니나 다를까, 아버지 사자의 죽음이 바깥으로 알려지자마자 호랑이 집안 동물들이 대대적으로 사자 집안 마을을 공격하기 시작하였다. 아버지 사자의 장례를 제대로 치르지도 못하고 큰아들 사자는 급하게 마을 동물들을 모아 멀리 떨어진 초원으로 전투를 하기 위해 출전하였다. 호랑이 집안의 동물들은 만반의 전투 준비를 갖추고 무서운 기세로 들이닥쳤다. 얼핏 봐도 적의 수가 훨씬 많아 보이는 불리한 상황에 큰아들 사자는 하늘에 기도할 수밖에 없었다.

'제발 우리 마을과 집안을 지킬 수 있도록 도와주세요, 아버지!'

그때, 갑자기 벌어진 이상한 일에 큰아들 사자는 눈을 의심했다. 호랑이 집안의 동물들이 공격하기 위해 초원으로 달려오는 순간 갑자기 풀썩 풀썩 고꾸라지고 넘어졌기 때문이다. 호랑이 집안 동물들이 달려오는 방향의 모든 풀이 이상한 모양으로 꼬여 있었던 것이다.

꼬여 있는 풀에 발이 걸려 넘어지는 호랑이들과 그 호랑이에 걸려 넘어지는 다른 동물들이 쌓이고 쌓여, 호랑이 집안의 무리는 도미노처럼 와르르 무너지기 시작했다. 큰아들 사자는 싸우기도 전에 쓰러져 버리는 적의 모습을 놓치지 않고 반격에 나섰다. 큰아들 사자는 큰 힘을 들이지도 않고 손쉽게 대

joo han Kim by B

승을 거두었다. 큰아들 사자는 불리한 전쟁에서 크게 이겨 명성을 드높이고 돌아와 사자 집안의 대를 이을 수 있었다.

전쟁에서 이기고 아버지 사자의 장례까지 무사히 치른 큰아들 사자 앞에 지난날 자유롭게 풀어주었던 토끼들이 찾아와 눈물을 흘리며 말했다.

"도련님, 저희 토끼들은 귀가 굉장히 밝습니다. 사실 저희는 돌아가신 옛 주인님께서 저희를 풀어주라고 하셨던 것은 물론이고, 저희를 죽이라고 하셨던 것도 다 엿들어서 알고 있었답니다. 도련님께서 저희에게 자유를 주셨을 때 얼마나 감사했는지 모르실 겁니다. 숲속 마을로 돌아가서 호랑이 집안이 전쟁 준비를 하고 있다는 소식을 알자마자 저희 마을 토끼들을 모두 데려왔습니다. 저희는 초원의 풀을 엮어서 호랑이들을 넘어트릴 함정을 만든 것밖에 한 게 없습니다만, 이렇게 해서 도련님께 은혜를 갚을 수 있어서 정말 기쁩니다."

고마움을 표시하는 토끼들에게 큰아들 사자도 감사의 말을 전했다. 큰아들 사자의 올바른 판단이 결국 마을과 집안을 모두 지켜낸 것이다.

## 리더의 옳은 판단이 조직을 구한다

큰아들 사자의 자기희생을 무릅쓴 올바른 판단과 행동이
결국은 그가 전쟁에서 승리하는 원동력이 되었다. 올바른 판
단에 따른 행동은 짧게는 고통을 수반할 수 있으나 장기적으
로 개인과 그 개인이 속한 조직에게 내일의 성공을 보장하는
바탕이 된다.

위의 우화에서 토끼들이 고사에 나오는 결초보은(結草報恩)
의 행동을 하게 된 것도 큰아들 사자의 현명하고 바른 리더십
이 이끌어낸 결과물이다. 아버지의 부당한 명을 어기고 약속
대로 토끼들에게 자유를 준 큰아들 사자의 결단의 리더십이
결과적으로 빛을 발해 사자 나라를 호랑이 왕국의 공격에서
구한 것이다.

큰아들 사자의 도움으로 목숨을 건진 토끼들이 자신들은
초원의 풀을 엮어서 호랑이들을 넘어트릴 함정을 만든 것밖
에 한 게 없지만, 그렇게 해서 자기들을 죽이지 않고 풀어 준
지난 은혜를 갚을 수 있어서 정말 기쁘다고 말하는 대목은 감

동적이다.

지도자에게 내일을 보는 눈과 올바른 일을 위한 결단은 매우 중요하다. 눈앞의 사사로운 이익에 얽매이기는 쉬우나 이를 버리고 장기적으로 더 큰 일을 위해 희생을 결단하기는 어렵다.

미래의 초석이 되는 중요한 일들은 당장 눈에 보이는 이익을 가져다주지 않는 경우가 많고, 나아가 그것을 실현하는 데도 많은 시간과 노력이 필요하기 때문이다. 당장의 이익만 추구하는 리더십은 장기적으로는 그 집단에 고통을 안겨주는 경우가 많다.

마부위침(磨斧爲針)이란 말이 있다. 중국 최고의 시인이자 시선(詩仙)으로 불리는 이백(李白)이 학문을 연마하기 위해 산속에서 공부하던 도중에 너무 힘든 나머지 이를 포기하고 집으로 돌아가고 있었다. 집으로 가는 도중에 이백은 길에서 도끼를 갈아 바늘을 만들기 위해 꾸준히 노력하고 있는 한 노파를 만났다. 그 노파의 꾸준한 노력을 보면서 크게 깨달은 이백은 다시 산속으로 들어가 학문에 힘써 나중에 큰 학자이자 대시인이 되었다.

열자(列子)의 탕문편(湯問篇)에 나오는 '우공이 산을 옮긴다'(우공이산, 愚公移山)는 말도 이와 비슷한 의미를 지닌다. 남이 보기엔 당장의 이익이 없는 어리석은 일처럼 보이더라도, 한 가지 일을 끝까지 해나가면 언젠가는 목표를 달성할 수 있다는 뜻이다.

이런 깊이 있는 통찰력이 없으면 눈에 보이는 욕망을 누르고 먼 장래를 보면서 집단이나 조직을 이끌기는 힘들 것이다. 그러나 그러한 생각과 행동이 지도자의 리더십에는 꼭 필요하다. 그래야 집단과 조직, 나라가 커나갈 수 있다.

# 17. 물에 도전한 도깨비

먼 옛날, 높은 바위산 꼭대기에 천년의 세월 동안 벼락과 돌풍을 견딘 바위가 갈라지며 그 속에서 도깨비 한 마리가 태어났다. 바위에서 태어난 도깨비는 내리치는 번개를 튕겨내고 화산의 용암 불구덩이도 견뎌낼 정도로 강하고 단단했다. 도깨비는 태풍을 일으키며 온 산과 숲을 헤집고, 발을 굴러 지진을 일으켜 땅을 무너뜨렸다.

세상의 살아 있는 모든 생물이 도깨비를 두려워해 숨고, 산과 들과 하늘마저 도깨비의 기세에 벌벌 떨었다. 기고만장해진 도깨비는 바위산 꼭대기에서 소리쳤다.

"크카카카…이 세상의 모든 존재가 벌벌 떨며 나의 힘을 두려워하는구나! 나는 분명히 세상을 다스리기 위해 태어난 게 틀림없다!"

그때 갑자기 하늘이 열리며 거대한 목소리가 들렸다.

"이런, 바위 속에서 웬 도깨비 녀석이 태어났길래 가만히 지켜봤더니. 이 녀석, 세상을 온통 쑥대밭으로 만들고 있구나!"

도깨비가 네놈은 누구냐고 소리치자 목소리는 세상을 창조한 신이라고 대답했다. 도깨비는 순간적으로 당황했으나 다시 기세등등해져서 신에게 도전하기로 했다. "네가 이 세상을 만든 신이라고? 그럼 내가 세상을 다스리려면 네놈을 이겨야겠구나. 한 번 싸워보자 이놈!"

다짜고짜 덤비는 도깨비를 향해 신이 웃으며 대답했다.

"알았다. 나를 이긴다면 네가 나보다 강한 것이니 그때는 세상을 다스릴 자격을 주마. 단, 그러기 전에 내가 만든 세상에 사는 다른 존재들을 먼저 이기는 것이 순서가 아니겠느냐?"

도깨비는 신에게 이미 자신이 벼락을 튕겨내고, 하늘보다 강한 돌풍을 일으킬 수 있으며, 화산의 용암도 자신을 녹일 수 없음을 이야기했다. 세상 모든 산과 바위와 대지를 부술 힘도 있다는 말도 덧붙였다.

그러자 신이 말했다.

"네 말대로라면 정말로 이미 세상의 많은 존재와 싸워 이긴 셈이로구나. 단 하나만 제외하고 말이다."

도깨비가 발끈하며 대체 그게 어떤 녀석이냐고 묻자, 신은 물이라고 대답했다. 그러고 보니 물이라는 녀석은 그저 조용히 고여 있거나, 콸콸 흐르며 자기 길만 가기 바빠 싸움을 걸어본 적이 없었다. 도깨비는 물과 싸워 이기면 신에게 도전하겠다며 곧바로 땅을 구르며 뛰어갔다. 도깨비는 산의 계곡으로 갔다.

그리고 흐르는 계곡물을 향해 바위를 던지기 시작했다. 도깨비는 바위에 맞은 물이 놀라서 도망가리라고 생각했다. 그러나 계곡물은 바위에 얻어맞고도 첨벙 하는 소리만 낼 뿐 유유히 바위를 지나 계속 흘렀다. 도깨비는 무쇠 같은 주먹으로 물을 내리쳐 봤지만, 역시 첨벙 하고 잠시 물보라가 일었을 뿐 계곡물은 계속해서 흘렀다.

아무리 내리치고, 걷어차고, 소리 지르고, 베어도 흔들림 없이 한 방향으로 흐르는 계곡물을 보며 도깨비는 화가 나기 시작했다.

"이놈이 나를 무시하는 건가?! 오냐, 언제까지 졸졸 흐르기만 할지 두고 보자."

오기가 생긴 도깨비는 계곡물이 흐르는 방향을 따라 달려 내려갔다.

계곡은 강줄기에 닿아 더 큰물이 되었다. 도깨비는 물이 드디어 자신과 싸울 마음이 생겼다고 여겨 강물에 몸을 던지고 주먹과 발길질을 하였다. 하지만 물은 전혀 아프거나 두려워하는 기색을 보이지 않았다.

오히려 도깨비는 자기 몸이 물속에서 가라앉는 것을 보고는 순간 두려움을 느끼고 물 밖으로 빠져나왔다. 자신이 두려움을 느꼈다는 사실에 더욱 화가 난 도깨비는 반드시 물을 이기겠다고 다짐하며 다시 강물의 흐름을 따라 내려갔다.

시간이 지나 도깨비는 강물이 바다로 합류하는 지점까지 오게 되었다. 거대한 바다를 본 도깨비는 이것이 물의 본체라고 생각하고 단단히 싸울 마음을 먹었다.

"때리고 차는 것이 안 통한다면 다른 방법으로 네놈을 굴복시켜주마."

도깨비는 요술로 거대한 돌풍을 일으켜 바다에 내리꽂았다. 잔잔하던 바다에 파도가 치솟고 해일이 일어났다. 그러나 돌풍이 멈추자 어느새 다시 원래의 잔잔한 바다로 돌아갔다. 도깨비가 보기에 물은 아무리 시비를 걸어도 금새 자기 모습을 되찾는 짜증스러운 존재였다.

"그럼 이건 어떠냐! 형체도 남기지 않고 다 태워버리면 너도 별수 없겠지!"

최후의 수단으로 도깨비는 화산의 용암을 삼켜 입으로 거

joo han Kim by B

대한 불을 내뿜었다. 그러나 거대한 불길도 물에 닿자마자 금방 꺼져버리고 말았다. 도깨비는 포기하지 않고 사흘 밤낮으로 불을 뿜어댔다. 그러자 뜨거운 열을 견디지 못하고 바닷물이 조금씩 끓어올라 증발하기 시작했다. 도깨비는 드디어 물을 이길 수 있게 되었다며 승리를 예감했다.

그러나 잠시 후 증발한 물방울이 모여 비구름이 되고 폭우가 쏟아지기 시작했다. 겨우 물을 불태워 없앴다고 생각한 도깨비는 증발한 물이 비가 되어 다시 바다로 돌아오는 모습을 보자 기세가 완전히 꺾이고 말았다.

"이놈은 어떻게 된 것이 땅처럼 단단하지도 않고, 화산 불처럼 뜨겁거나 강철처럼 날카롭지도 않은데 이토록 한결같단 말이냐. 주먹으로 치면 줏대 없이 물보라를 튀기고, 돌풍을 내리꽂으면 요란하게 파도치는데! 그럼에도 아무 일 없었다는 듯 조용해지는 모습을 보면 도저히 어떻게 해야 이길 수 있는지 알 수가 없구나! 땅도 하늘도 화산도 이긴 내가…"

도깨비는 이렇게 탄식하더니 깊은 바다 밑에 들어가면 물의 약점을 찾을 수 있지 않을까 생각하고는 용맹하게 바닷속으로 뛰어들었다. 도깨비는 깊은 물 속으로 계속 내려갔다. 차갑고 어두웠지만 물을 이기고 싶다는 오기만 남은 도깨비는 아랑곳하지 않았다. 심해의 어둠 속으로 내려가던 도깨비의 몸을 거대한 수압이 짓눌렀다. 내려가고, 또 내려갔지만 아무리 깊이 내려가도 끝이 보이질 않았다.

더 내려가다가는 다시 올라가지 못할 것 같다는 생각이 들었을 때, 도깨비는 갑작스레 급류에 휩쓸리고 말았다. 너무나도 지쳐 있던 도깨비는 몸을 가누지 못하고 결국 정신을 잃어버렸다. 다시 정신을 차리고 보니 육지에 올라와 있었다. 죽을 뻔했다고 안도하던 도깨비의 눈에 여전히 평온한 바다의 모습이 들어왔다. 자존심이 상한 도깨비가 발끈하며 화를 냈다.

"물 네 이놈! 내 도전에 제대로 응하지도 않고 언제까지 그렇게 고고한 척할 거냐! 당장 나와 겨뤄서 누가 더 강한지 결판을 내자!"

그러자 바다 깊은 곳에서 부드러운 목소리가 들려왔다. 물이 대답했다.

"꼬마 도깨비야! 네가 내 안에 빠져서 죽을 것 같길래 육지로 옮겨줬는데, 뭐 때문에 그리 화가 나 있니? 난 너와 싸울 마음이 없단다. 네가 아무리 날 때리고 차고 날려도, 나는 그저 그에 맞춰 호응할 뿐이야. 때로는 고여 있거나, 때로는 흐르거나, 또 때로는 공기 중을 떠돌다가 다시 거대한 바다로 돌아오기도 하지. 시시각각 모습을 바꾸지만 결국 난 내 모습대로 존재할 뿐이야. 나는 누구와도 다투지 않아."

joo han Kim by B

웃으면서 말하는 부드러운 물의 목소리에 도깨비는 힘없이 주저앉았다.

'아, 처음부터 싸울 마음이 아예 없었다니. 그런데도 난 물을 이기지 못했다. 너무나도 거대하고 부드러워서 이길 수 없는 존재야.'

결국 물과 싸워 이기는 것을 포기한 도깨비는 다시 신의 앞으로 돌아왔다. 신이 물과 싸워 이겼냐고 묻자 도깨비는 고개를 젓더니 신에게 절을 하며 말했다.

"내가 어리석고 기고만장했습니다. 물도 이기지 못하는데, 하물며 세상을 만든 신을 어떻게 싸워 이기겠습니까."

공손해진 도깨비의 모습을 보고 신이 유쾌하게 웃으며 이렇게 말했다.

"진정한 강함은 온 세상 모든 것과 다퉈 이기는 것이 아니라, 애초에 다투지 않는 것임을 이제 깨달았구나. 참으로 기특하다. 네가 세상을 다스리진 못하겠지만, 앞으로 내가 많은 것을 가르쳐주마."

그렇게 도깨비는 신의 제자로 들어가 가르침을 받게 되었다. 물론 그동안 자기가 부수고 다닌 세상천지를 자기 손으로 고쳐놓는 일을 하면서 말이다.

## 싸우지 않고 이기는 물의 지혜를 배우자

'가장 좋은 것은 물과 같다'는 노자의 도덕경(道德經) 8장 상선약수(上善若水)에 나오는 말로 이 우화의 모티브가 되었다. 물은 만물을 자라게 하고 이롭게 하면서도 사람들이 대부분 가기 싫어하는 낮은 곳으로 향한다. 강 위쪽의 물은 그저 낮은 곳으로, 아래로 흘러 강과 바다로 향한다.

또한 물은 바위가 있으면 비켜가고, 나무가 있으면 이 또한 옆으로 지나친다. 이런 물에 다툼이 있을 리 없다. 그러면서도 물은 궁극적으로 자신이 가고자 하는 목적지에 무리 없이 도달한다.

이처럼 물은 만물에 은덕을 베풀지만 드러내지 않고 겸허하게 자신을 낮추어 아래로 임한다. 그렇지만 가장 낮은 곳에 있는 바다에는 온갖 하천과 강물이 흘러 들어온다. 강요한 것이 아니라 스스로 찾아든 것이다.

이처럼 바다는 가장 겸허한 덕을 지닌 물이 모인 곳으로, 자신에게 오라고 억지로 부르지 않더라도 일체 만물이 저절로 찾아드는 것이다.

또한 물은 조용히 머물면 그 성질이 깊어지고, 맑고, 고요해져서 마음의 미묘함을 잘 간직한다. 물의 맑고 고요함으로 더러움을 씻어내고 높낮이를 고르게 할 수도 있어 물은 때로 세상의 질서를 도모하기도 한다.

물은 무심한 가운데에서 있는 그대로 응하여 만물을 있는 그대로 비추고, 꾸미거나 과장하는 법이 없기 때문에 믿을 수 있다. 물은 사물의 그 모습 그대로를 비추며 절대로 다른 것을 비추지 않는다. 그것이 싫어 물을 흩어 버리고 첨벙이게 해도 얼마 지나지 않아 다시 조용히 본래의 맑고 잔잔함으로 돌아온다.

물은 일정한 형태가 없어 원형이 될 수도 있고 네모가 될 수도 있으며, 사물의 모습에 따라 굽기도 하고 꼿꼿해지기도 한다. 또한 물은 여름철에는 흩어지고 겨울철에는 응결되어 봄에 녹아내리는 것처럼 절기를 잃지 않기 때문에 시의적절하게 변화에 잘 대응한다. 이런 연유로 물은 매사의 일 처리에 능력을 잘 발휘할 수 있다.

물은 수십억 년 장구한 세월을 말없이 유유히 흘러 왔다. 그렇지만 물은 끊임없이 변화하며 일정한 형상이 없다. 그렇게 흐르다 네모난 곳에 다다르면 네모가 되고 세모난 곳에 이르면 세모가 된다.

물은 어떻게 보면 늘 변화하고 변화를 통해서만이 자신을 지속시킬 수 있다. 물은 변화를 자신 속에 포용하고 있는 것이다. 우리가 물처럼만 할 수 있으면 서로 다투지 않고 이길 수 있으며, 말하지 않고도 대응할 수 있으며, 부르지 않아도 저절로 찾아들 것이다. 사람들의 행동에 관대하면서도 세상의 질서를 도모할 수 있을 것이다.

"아! 물이고 싶어라!"

## 18. 혼돈에서 벗어나자 죽어 버린 혼돈

🌱 아주 오랜 옛날, 깊은 숲속에 숲의 수호신 혼돈이 살고 있었다. 혼돈에게는 눈, 코, 입, 귀는 물론 팔과 다리도 없고, 그저 물렁물렁하고 둥근 달덩어리처럼 생겼을 뿐이었다. 그렇지만 혼돈은 세상 모든 것을 느끼고 말하고 생각할 수 있었다. 혼돈은 아주 평화롭게 숲을 보살피며 지냈다.

어느 날, 숲의 동물들이 한자리에 모여 항상 숲을 지켜주는 혼돈에게 보답을 해주기로 약속했다. 그들은 그저 둥글게 생긴 혼돈에게 자신들처럼 신체 기관을 만들어 주면 혼돈이 살아가는데 훨씬 편리해지리라고 생각했다.

여러 동물 가운데서 사슴이 먼저 입을 열었다.

"혼돈에게도 길고 날렵한 다리가 있으면 그도 나처럼 숲을 빨리 달릴 수 있을 거야."

joo han Kim by Y

그러자 비둘기가 말했다.

"날개를 달아 주면 하늘에서 숲을 밑으로 내려다 볼 수 있 겠지!"

원숭이도 거들었다.

"나뭇가지를 붙잡고 돌멩이를 쥘 수 있는 팔이 있다면 더 좋을 테고 말이야."

수많은 동물이 각자 혼돈에게 만들어 주면 좋을 신체 기관 에 대해 의견을 내놓았다. 그때 여우가 손을 들고 소리쳤다.

"잠시만! 다 좋은 의견이긴 하지만, 혼돈에게는 가장 중요한 기관인 눈, 코, 입, 귀조차 없어. 제일 먼저 얼굴에 구멍을 뚫어 서 눈, 코, 입, 귀부터 만들어 주자!"

여우의 말에 모든 동물이 일제히 찬성하였다. 결국 그들은 힘을 합쳐서 혼돈에게 눈, 코, 입, 귀를 만들어 주고, 길고 튼 튼한 팔다리, 하늘을 날 수 있는 날개, 북실 북실한 갈기 털, 뱀의 꼬리 등 숲에 사는 온갖 동물들의 신체 기관을 본떠서 만들어 주기로 하였다.

다음날, 숲의 동물들은 혼돈이 사는 산신나무에 몰려가 그 동안의 보답으로 선물을 해주겠노라고 말했다. 동물들은 혼 돈의 물렁물렁하고 둥근 몸을 마치 찰흙처럼 만지고 빚어서 새로운 신체 기관을 만들어 주기 시작했다.

아무 표정도 없는 혼돈의 몸에 구멍을 내자 눈과 코와 입과 귀가 생기고, 얼굴이 생겨났다. 몸을 길게 잡아당겨 팔과 다리를 만들고 날개를 달고 꼬리를 만들었다. 그리고 몸에 털을 덮고, 죽은 동물의 뼈로 큰 뿔을 달아 주었다. 혼돈은 동물들이 자신에게 하는 일을 묵묵히 받아들였다.

시간이 지나자 혼돈의 모습은 그 전과는 너무나도 달라져 있었다. 숲에 사는 온갖 동물의 형상을 마구 뒤섞어 놓은 것 같은 모습을 하게 된 혼돈은 그 이름 그대로의 형태가 되어 버렸다. 너무 많은 신체 기관이 갑자기 생겨난 탓에 혼돈은 자신의 몸을 제대로 가누기 어려웠다. 무엇보다 그 모습이 너무나도 흉측한 나머지 더는 숲의 수호신이 아니라, 괴물의 모습에 가까웠다.

혼돈은 몸에 뚫린 눈, 코, 입, 귀라는 구멍으로 보고, 냄새 맡고, 맛을 느끼고, 들어서 사물을 인식할 수 있게 되었다. 하지만 지금까지 전체를 하나로 알 수 있었던데 반해 이제는 각기 인식한 것을 종합해야 하는 어려움을 겪게 되었다. 뿐만 아니라 여러 기관에 노폐물이 끼면서 점점 지저분해졌다.

그리고 생전 처음 눈을 통해 세상의 추악한 모습을 보고, 입으로 음식을 먹고, 배설하는 일에 신경을 써야 했다. 귀로는

joo han Kim by

동물들의 험담하는 소리가 들렸다. 혼돈 자신도 남을 험담하게 되었다. 점차 혼돈은 지혜로웠던 수호신에서 추악한 모습을 한 동물이 되어 가고 있었다.

결국 숲의 동물들은 괴물이 되어 버린 혼돈에게 가까이 다가가지 않았고, 숲의 동물들로부터 버려진 혼돈은 어둡고 깊은 숲속으로 모습을 감추었다. 어둠 속에서 외롭게 지내던 혼돈은 시름시름 앓다가 머지않아 세상을 떠나고 말았다.

## 부분과 전체를 함께 보는 지혜

우리는 세상일을 실증적으로 쪼개고 나누어 생각하려는 경향이 있다. 쪼개진 각각을 분석하면 세상을 더 잘 이해할 수 있을 것으로 착각한다. 그러나 이는 나누어진 부분들이 모두 서로 연계되어 있음을 간과하는 것이다. 나누기만 하려고 들면 서로 영향을 주고받으며 나아가는 세상 전체의 모습을 제대로 그릴 수 없게 된다.

이야기 속에 나오는 숲의 동물들은 이미 전체로서 완전한 존재였던 혼돈에게 불필요한 기관을 여기저기 만들어 줌으로써 오히려 그 균형을 깨트려 버렸다.

세상일은 늘 부분과 전체를 같이 파악하도록 해야 한다. 한 부분만 따로 떨어져서 개별적으로 이루어지는 일은 없다. 학교에서도 두 학생이 크게 싸우면, 그 일은 두 학생과 그 가정의 일이고, 학교 생활부 선생님들의 일이자, 학교의 평판과 관련된 일이며, 나아가 학교가 속한 교육청의 일이기도 하다. 아울러 이런 일이 학교에서 자주 발생하면 그 일은 사회와 나라의 일이 되기도 한다.

숲을 이해하려면 숲속의 나무와 다람쥐도 보아야 하지만 숲 전체를 그릴 수 있어야 한다. 나무와 다람쥐만 보고 숲을 안다고 말하는 사람이 많은 사회는 건강한 사회가 아니다. 그런 사람이 많아지면 우리 사회는 이야기 속에 나오는 혼돈이 괴물이 된 것처럼 시름시름 앓다가 결국 쓰러질 것이다.

# 19. 앵무새 아도르노의 사전 찾기

앵무새 아도르노는 숲속 동물 중에서 가장 말을 잘하기로 유명하다. 무슨 말이든 잘 외우고 따라 할 뿐만 아니라, 자신이 새로운 말을 만들어 다른 동물들에게 자랑스레 소개하기도 하였다.

그는 말로 세상 모든 것을 다 알 수 있고, 무엇이든 다 할 수 있다고 생각했다. 말을 잘해서 다른 동물들의 싸움을 중재하기도 하였고, 옆집 원숭이에게 빌린 돈도 사정을 잘 이야기해서 갚지 않은 적도 있었다. 아도르노에게 말이란 그야말로 만능 도구였다.

시간이 지나면서 아도르노는 세상의 모든 말을 모아서 책으로 만들면 이 세상을 완벽히 이해할 수 있겠다고 믿었다. 그래서 그는 『표준 숲속어 대사전』을 편찬하여 숲속 동물들에

joo han ,Kim by Yj

게 나누어주며 말했다.

"이 『표준 숲속어 대사전』에는 세상의 모든 말이 담겨 있지! 이 책만 있으면 세상의 모든 지식과 진리를 다 알 수 있어."

그러자 아도르노의 친구 팔가가 찾아와 말했다.

"정말 그럴까? 나는 말이나 글만으로 세상을 제대로 알 수는 없다고 생각해."

아도르노는 팔가가 하는 말이 정말 말도 안 된다고 생각했다.

"네가 잘 몰라서 하는 말이야, 팔가. 그럼 우리 한 번 이 『표준 숲속어 대사전』에서 아무 말이나 찾아볼까? 어디 보자⋯ '학교'라는 단어는 어떨까. '학교'라는 말의 뜻을 읽어 보면, 학교가 무엇인지 알 수 있어."

아도르노와 팔가가 사전에서 '학교'를 찾아보니 다음과 같이 나와 있었다.

'일정한 교육 목적, 교과과정, 설비, 제도 및 법규에 의하여 계속적으로 학생에게 교육을 실시하는 기관'

"학교의 뜻을 찾아보니 여전히 어려운 말이 많네. '교과'와 '학생'이라는 말을 찾아보면 학교가 무엇인지 정확히 알 수 있을 거야."

둘은 다시 사전에서 '교과'와 '학생'을 찾아보았다.

'교과: 학교에서 교육의 목적에 맞게 가르쳐야 할 내용을 계통적으로 짜 놓은 일정한 분야'

'학생: 학교에 다니면서 공부하는 사람'

"이게 뭐야. 학교가 무엇인지 알고 싶어서 교과와 학생의 뜻을 찾아본 건데, 결국 다시 학교로 돌아오잖아? 이래서는 학교가 정확히 무엇인지 알 수 없어."

팔가의 투덜거림에 아도르노는 그럴 리 없다며 한 번 더 다른 단어로 시도해 보자고 했다. 그들은 이번에는 '동물'이라는 단어로 검색하였다.

'생물(계)의 두 갈래 가운데 하나이며, 식물에 상대되는 말'

여전히 사전의 뜻풀이만으로는 동물이 정확히 무엇인지 알 수 없었다. 그들은 생물과 식물의 의미를 찾아보기로 했다.

'생물: 생명을 가지고 스스로 생활 현상을 유지하여 나가는 물체이며, 영양, 운동, 생장, 증식을 하고, 동물, 식물 등으로 나뉜다'

'식물: 생물(계)의 두 갈래 가운데 하나로 동물에 상대되는 말'

아도르노와 팔가는 체념하며 말했다.

"결국 또다시 쳇바퀴 돌 듯 동물로 돌아오고 말았네."

아도르노는 비로소 말이 세상의 실제를 알 수 있게 해줄 거

라는 믿음이 잘못되었음을 깨달았다. 말은 소통하는 데 필요
한 불완전한 도구일 뿐이었던 것이다.

## 말로는 세상의 실제 모습을 알 수 없다

때때로 우리는 너무나 당연히 여기는 것들도 다시 생각하고 의심해 보는 습관이 필요하다. 아도르노와 팔가의 사전 찾기 예에서 보듯이 우리가 의미를 생각하지 않고, 무의식적으로 사용하는 언어도 사실은 세상의 실제 모습을 그대로 규정하지 못한다.

그렇다면 우리 사회를 지탱하는 여러 주장과 규칙, 제도나 생각들도 때로는 '그것이 실제일까?' 하고 새롭게 생각해 보면 어떨까? 거기서 남들이 보지 못하는 새로운 것을 느끼거나 생각할 수 있지 않을까? 물론 그 생각도 말로 된 것이어서 생각이 정립되면 또다시 의심의 대상이 될 수는 있을 것이다. 말과 실제 사이에는 거리가 있을 수밖에 없다.

결국 그러한 노력도 아도르노와 팔가의 사전 찾기처럼 쳇바퀴 돌기와 다름이 없을 것이다. 물론 이 쳇바퀴 돌기 같은 의심과 성찰을 통해 우리가 정답을 얻을 수 있는 것은 아니다. 단지 우리가 사는 세상을 구성하는 당연시되는 많은 언어와 생각, 규칙들이 정답이 아닐 수 있다는 사실을 확인할 수 있을 뿐이다.

하지만 그것으로 충분하다. 세상에 정해진 정답은 없다. 더 좋은 답을 찾기 위해 끊임없이 생각하고, 사전 찾기를 하는 그 과정이 중요한 것이니까.

## 20. 다람쥐의 자전거 타기

🌱 숲의 동산에서 여우와 다람쥐가 만나 이야기를 나누고 있
었다. 여우가 다람쥐에게 으스대며 말했다.

"다람쥐야, 너 이게 뭔지 아니? 자전거라는 물건이야. 이걸
타고 다니면 쉽고 빠르게 멀리까지 갈 수 있단다! 우리 삼촌
이 동물나라 첨단기술연구소장인 건 알고 있지? 우리 삼촌이
연구해서 만든 새 발명품이라구~"

다람쥐는 여우에게 말했다.

"정말 대단하다! 나도 한번 타 보고 싶어!"

그러자 여우가 장난스럽게 웃으며 다람쥐에게 말했다.

"좋아~ 너한테는 특별히 탈 수 있게 해줄게. 대신 그냥 태워
주면 재미없지. 우리 이 자전거로 내기를 하는 게 어때? 내일
오후에 우리 둘 다 이 자전거와 똑같은 종류의 자전거를 빌려

joo han Kim by B

서 한 시간 동안 타는 법을 연습한 다음 시합을 하는 거야. 시합에서 이기는 사람이 한 달 동안 대장이야, 어때!"

다람쥐는 알겠다면서 흔쾌히 승낙했다.

여우는 꾀를 내어 자전거에 대한 모든 지식을 속속들이 알기 위해 자기 삼촌에게 달려갔다. 여우는 삼촌에게 자전거의 원리에 대한 강의도 듣고, 자전거에 대한 책을 읽으면서 그 원리에 대해 자세히 이해하게 되었다. 내리막과 오르막에서 달라지는 무게 중심, 페달을 밟을 때 걸리는 힘의 크기, 코너를 돌 때의 자세와 각도 등등…자전거에 대한 이론과 지식은 모두 배웠다. 여우는 자전거에 대해 많은 걸 배웠으니 다람쥐보다 훨씬 유리할 것이라고 생각하며 자신만만했다.

반면 다람쥐에게는 자전거라는 물건에 대해 자세히 알려줄 수 있는 동물이 없었다. 대신 다람쥐는 자전거를 미리 구해서 직접 타 보기로 하였다. 마침 다람쥐의 친구가 자전거 수리 회사에서 자전거 바퀴를 갈아주는 일을 하고 있었다.

"친구야, 너희 가게에 있는 자전거를 하루만 빌릴 수 있을까?"

다람쥐는 친구에게 부탁해서 폐기하기 위해 갖다 놓은 자전거 한 대를 빌릴 수 있었다. 생전 처음 타 보는 자전거였지만 용기를 내어 자전거 위에 올라탄 다람쥐는 조심조심 자전거를 몰기 시작했다.

"어어! 어어어…아이쿠!"

다람쥐는 자전거 위에서 자세를 잡는 것조차 힘들어 계속 넘어지고 떨어졌다. 하지만 계속 연습한 끝에 겨우 자세를 잡고 천천히 타는 법을 배우기 시작했다. 온종일 무작정 혼자 자전거를 탄 다람쥐는 저녁이 되어서는 꽤 능숙하게 자전거를 몰 수 있었다.

드디어 다음날, 여우와 다람쥐는 약속한 들판에서 만나 자전거 타기 시합에 들어갔다.

어제 배운 자전거의 지식과 이론을 떠올리며 한 시간 동안 연습하고 온 여우는 배운 대로 능숙하게 타지는 못해도 당연히 자신이 이길 것이라고 확신했다. 그러나 자전거 시합이 시작되자마자 다람쥐가 여우를 한참 앞서나가기 시작했다.

"이…이게 어떻게 된 거지?"

여우는 당황했다. 그렇지만 인정되는 바가 있었다.

사실 여우는 시합 장소에 오기 전 한 시간 동안 자전거 타기의 이론과 지식을 떠올리며 연습했다. 그렇지만 배운 이론과 지식대로 자전거가 움직여주지 않았다. 자전거 타기에서 여우의 몸이 배운 이론과 지식대로 움직이지 못했기 때문이다.

반면, 다람쥐는 어제 온종일 몸으로 직접 부딪치며 연습한

joo han Kim by B

덕분에 여우보다 훨씬 능숙하고 여유롭게 자전거를 탈 수 있었다. 설명할 수는 없지만 넘어지고 부딪치면서 몸이 자전거 타기를 익힌 것 같았다. 다람쥐가 능숙하게 들판의 끝에 도착하여 여우를 기다리고 있을 때, 여우는 겨우 들판의 중간을 통과하고 있었다.

결과는 여우의 참패로 끝났다.

## 암묵적 지식의 힘

세상에는 말로 표현하기 힘든 몸에 밴 습관, 혹은 사회에 일상적으로 적용되는 상식이란 게 있다. 때로는 이러한 말로 표현하기 힘든 지식이 실제 일을 성공시키는 데 결정적으로 중요한 역할을 하기도 한다. 이러한 지식을 암묵적 지식 또는 암묵지(implicit knowledge)라고 한다.

암묵지는 마이클 폴러니(Michael Polanyi)가 분류한 지식의 한 종류이다. 그는 지식을 암묵지와 명시지, 혹은 형식지로 구분하였다. 암묵지는 학습과 경험을 통해 습득함으로써 개인에게 체화되는 지식이다. 다시 말해 언어나 문자로 표현하기 어렵고 겉으로 드러나지 않는 지식을 가리킨다. 반면에 명시지는 언어나 문자를 통해 겉으로 표현되는 지식이다. 문서화, 혹은 데이터로 나타나는 지식이라고 할 수 있다.

자전거 타기를 책으로만 배울 수는 없다. 직접 자전거를 타보면서 몸이 자전거가 달리는 방식을 경험하게 했던 다람쥐의 암묵지는 여우와의 자전거 시합에서 여우가 믿은 피상적이고 명시적인 지식보다 훨씬 강력한 힘을 발휘했다.

이처럼 경험을 통해 익히고 성장하는 암묵적 지식은 공동체에서 그 구성원의 업무 추진과 성공에 필수적이다. 구체적으로 성문화된 지식도 중요하지만, 대부분의 사람들은 말로 표현되는 것보다 암묵적인 형태의 지식을 더 많이 보유하고 있다. 모든 인간 행동의 기초가 되는 지식이 바로 이 암묵지이다.

우리의 교육은 암묵지의 중요함을 망각하고 피상적 지식의 기계적 전달과 주입을 지향해 왔다. 암묵지의 중요성을 모두 암묵적으로 알면서 그렇게 해온 것인지도 모른다. 피상적인 지식의 교육과 학습에 길들여져서 보이지 않는 지식의 중요성을 외면해서는 안 된다.

# 삽화 작업을 마무리하며

*joo han Kim*
김주한

나는 아직 20대 중반의 젊은이고, 검정고시로 초등학교를 졸업한 게 내 학력의 전부이다. 현재 직업은 프리랜서 디자이너로, 가끔 사진 찍는 일을 겸하면서 ㈜한반도평화에너지라는 사회단체의 홍보이사직을 맡아 세상과 소통하며 살고 있다.

내가 가진 것은 내 꿈과 생계를 해결하는 데 없어서는 안 될 분신과도 같은 컴퓨터 한 대와 오래된 생활형 카메라 한 대, 그리고 고시촌 원룸 월세 보증금이 전부이다. 아 참, 그리고  요즘 내 나이대 젊은이들이면 다들 관심 있을 주식과 가상화폐를 경험삼아 하고 있다.

디자이너 김주한에게 가장 소중한 이들은 지금의 나에게 붙어 있는 수식어들을 갖게 해주고, 세상에서 가장 쓴 약과 채찍질을 서슴없이 해주시는 영원한 스승이자 인생 멘토이신 나의 어머니와 아버지, 삼촌, 형, 그리고 마음의 식구들이다. 나는 어렸을 적에 어머니의 마음을 무던히도 상하게 했다. 병적으로 학교 가기를 싫어해서 참 많이 혼나고 잔소리를 들었다.

하지만, 언제나 나를 이해하고, 단점도 장점으로 이끌어주신 어머니의 굳은 의지와 그 과정에서 흘리셨을 눈물, 그리고 어머니의 삶 자체가 나에겐 가르침이고 학교였다. 그 덕분에 나는 지금의 자리까지 성장할 수 있었다.

나는 그 시절 어머니가 귀가 따갑게 해주신 헬렌 켈러 박사의 말을 마음의 채찍질처럼 새기고 살고 있다. "절대로 고개를 떨구지 말라. 고개를 치켜들고 세상을 똑바로 바라보아라…. 세상은 고통으로 가득하지만 그것을 극복하는 사람들로도 가득하다. 내가 그러하고, 네가 그런 사람이 되어 누군가의 희망이 될 수 있기를 바란다…. 눈이 먼 것보다 더 안 좋은 게 있을까? 그것은 바로 볼 수는 있지만 비전이 없는 사람이다."

늘 상상력을 키우고 꿈을 가지라는 어머니의 쓴소리를 귀에 못이 박히도록 들으며 자랐다. 청년이 되고, 연애를 하고, 세상을 조금씩 알게 되면서 어머니가 주신 그 쓴 약은 나에게 한없이 귀한 보약이 되었다. 이제는 스승인 어머니도 나에게 강한 채찍질과 쓴 약을 더는 주시지 않는다. 그 대신 "이제 다 컸으니 스스로 알아서 잘할 거라 믿는다."는 말을 하신다. 나는 아직 어머니의 사랑과 잔소리, 쓴소리가 필요한데도 그렇다.

주변 어른들의 경험담과 귀한 사랑의 쓴소리를 모아서 사랑의 약처럼 달달하고 재미있는 이야기 방식으로 엮어보면 좋겠다는 생각을 했다. 나와 가족들의 이야기, 이웃들의 생활 속 지혜를 모아서 이 책을 만들게 된 것이다.

청년 김주한의 평생 멘토를 자청해 주신 서울대학교 조영달 교수님께 깊은 존경을 표한다. 이 책이 나의 스승이자 사랑하는 어머니께 드리는 영원한 사랑의 선물이 되었으면 좋겠다.

## 내 마음의 보물상자를 열며

윤경숙

　오래 전 내 인생의 첫 책을 펴낼 기회가 있었다. 하지만 안타깝게도 예고 없이 찾아온 병고로 계약한 출판사와의 약속을 지키지 못했고, 그 후로 몇 차례 책을 펴낼 기회가 주어졌지만, 그때마다 이런저런 일들이 발목을 잡았다. 내 직업이 셰프이니, 많은 이들이 내가 책을 펴낸다면 아마도 음식과 관련된 책이 될 것이라고 생각할 것이다.

　그래서 인생 교육을 주제로 한 이 책을 준비하는 동안 많은 이들이 놀라운 마음으로 지켜보며 걱정하고 격려해 주셨다. 중학교를 자퇴한 엄마인 나와 무학의 아들이, 많은 제자들의 존경을 받으며 40년 세월 동안 교육 외길을 걸어오신 조영달 교수님과 함께 첫 책을 출간하게 될 줄은 상상도 못했다. 나는 너무도 뿌듯하고, 주위 사람들은 놀랐다.

　나와 아들은 남다른 사정과 이유로 남들과 조금은 다른 길을 선택하고, 그 길을 걸어 왔다. 그런 아들과 함께 책 출간 작업에 매달리게 된 것은 자식에게 물려줄 자산으로 '스스로 터득하고 경험한 삶의 지혜와 긍지, 그리고 한 권의 책보다 더 나은 것은 없다'라는 믿음과 확신이 있었기 때문이다.

책이 나오기까지 끊임없이 동기를 주시고, 무한한 신뢰로 시종 함께해 주신 국민 멘토 조영달 교수님께 다시 한 번 깊은 감사의 마음을 전한다.

인생 우화

**영달이의 꿈**

**초판 1쇄 인쇄** 2021년 7월 16일
**초판 1쇄 발행** 2021년 7월 30일

**지은이** 조영달 · 윤경숙
**그  림** 김주한
**펴낸이** 이기동
**편집주간** 권기숙
**편집기획** 이민영 임미숙
**마케팅** 유민호 이정호
**주소** 서울특별시 성동구 아차산로 7길 15-1 효정빌딩 4층
**이메일** previewbooks@naver.com
**블로그** http://blog.naver.com/previewbooks

**전화** 02) 3409-4210
**팩스** 02) 463-8554
**등록번호** 제206-93-29887호

**교열** 이민정
**편집디자인** 디자인86
**인쇄** 상지사 P&B

ISBN 978-89-97201-58-7  03370